얘들아,
그래도
사랑한다

박용호 지음

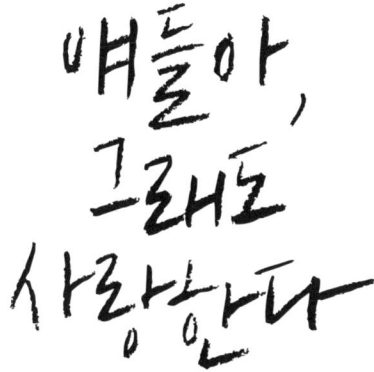

얘들아, 그래도 사랑한다

박용호 지음

살림Friends

프롤로그

꺼내기 힘든 이야기

시간이 지나면 지날수록 더 쉽게 꺼낼 수 있는 이야기가 있고, 그렇지 않은 이야기가 있다. 얼마 전 한 신문기자가 찾아와 인터뷰를 하게 되었을 때, 나는 다시 한 번 확인했다.

'역시 언제가 되었건, 이 이야기는 잘 꺼내지지 않는구나.'

그 신문기사 내용은 내게는 말하기 어려운 상처였다. 결국 힘들게 꺼낸 이야기가 많은 사람들이 학교 내 범죄예방 교육에 관해 더 큰 관심을 가지게 되는 계기를 마련했기 때문에 마음속이 더 복잡해졌던 기억이 난다. 나는 항상 아이들을 위한 강연에 이 말로 시작한다.

"절대로 돌이킬 수 없는 과거를 만들지 마라! 하지만 이미 과거가 생겼다면, 그것이 주는 나쁜 영향에서 빨리 벗어나라. 그리고 어떻게 그것을 앞날의 발판으로 삼을지 고민해라."

나라는 사람에게 있어서는 내 지나간 날보다, 아이들이 겪은 그 '과거'가 더 슬프고 아리다. 내가 '형사'라는 직함으로, 그들은 '범인'이라는 이름으로 만났던 날들. 내 딸이나 아들 나이였던 그들이 '전과'라는 지우기 어려운 과거를 남겼던 순간들. 그중에서도 나를 '청소년 선도 교육인'이라는 역할로 이끄는 결정적인 계기가 되었던 그 일, 그리고 '그 녀석'.

앞으로 글로 쓸 수많은 사건 중에서 가장 힘든 이야기부터 털어놓는 이유는 단 하나다. 더 이상 나처럼 안타까움에 악몽을 꾸는 어른도, 막 피어나려고 하는 인생이 한 순간 실수로 추락해 버리는 아이들도 생기지 않기를 바라기 때문이다.

나는 가끔 차에 시동을 걸 때나, 깊은 새벽 혹은 늦은 밤거리를 차로 달리고 있을 때 나도 모르게 기도하듯 '어휴, 이놈아.'라는 말을 읊조린다. 그 말은 욕도 아니고 비아냥거림도 아니다. 나에겐 그저 기도나 주문 같은 종교적 습관이다. 아마 차 안이어서 그럴 것이다. 자동차. 그 녀석과의 만남은 이 '자동차' 때문에 엮였으니 말이다.

지금 이 책을 쓰기 시작하는 때가 딱 모든 학교들이 새 학기를 시작하는 봄이다. 특히 활기찬 걸음으로 학교를 향하는 대학생들을 볼 때마다 내 가슴은 강하게 죄여 온다. 그 녀석과의 사건 이후 생긴 오래된 이상 신호다. 하필 이때 이 이야기를 시작하게 된 것은 어쩌면 운명적이기까지 하다. 그 아이야말로 저런 밝은 모습에 어울리는 녀석이었다고 생각하니 더욱 그렇다.

21년 전이다.
1992년, 대학 입학 학력고사가 얼마 남지 않은 어느 날이었다. 초가을이었지만 아직 여름더위가 살짝 남아 있어 기가 막히게 좋은 날씨였다.
경찰들에게 비오고 흐린 날만큼이나 걱정되는 것이 화창한 날씨다. 어두운 날에는 쌓였던 원한이나 증오가 폭발하고 밝은 날에는 기쁨이 지나쳐 범죄를 부른다. 즐거움을 위해 시작한 일이 어

애들아,
그래도
사랑한다

나를 '청소년 선도 교육인'이라는 역할로 이끄는
결정적인 계기가 되었던 그 일,
그리고 '그 녀석'.

이없게도 비극으로 치닫는 경우들이다. 다른 형사들과 마찬가지로 나 또한 그렇게 생각했다.

"오늘은 술 취해서 실수한 정신 빠진 놈들이나 한 몇, 훈방조치 하고 넘어갔으면 좋겠다."

그 아이가 그 일, 아니 경찰이 '사건'이라고 부르는 상황에 마주치기 불과 한두 시간 전까지만 하더라도 녀석은 어디에다가 내놔도 빠지지 않는 '모범생'이었다. 전교 1등, 전국석차 10위 안에 드는 인재 중 인재였다. 때는 어지간한 대학 다니는 학생이라면 누구나 과외자리가 있다고 할 정도로 사교육 열풍 시대였지만 아이는 집안 형편이 안 좋아서 학원 한 번 다니지 않고 혼자서 공부했다고 한다. 서울대학교 이공계 중에서도 탑에 든다는 원자력공학과에 진학할 예정이었다. 학부모건 교사건 경찰이건 그 애를 보면서 '내 자식이 저러면 얼마나 좋을까?'라는 생각이 들게 하는, 생긴 것도 귀공자 같은, 말 그대로 우등생의 표본이었다.

그날 경찰서 앞마당에서 잠시 쉬던 나를 스치고 지나간 초가을 바람이 작은 창문을 통해서 녀석이 공부하는 방에도 깃들었을 것이다. 문득 느껴진 상쾌한 기분에 아이는 고개를 들어 창밖을 바라보았겠지. 지금은 휴식시간에 잠시 바람 쐴 때만 나올 수 있는 거리. 하지만 내년에는 자유롭게 활보하리라는 기대로 설렜을 것이다.

세상은 자기 앞에서 기다리는 무한한 가능성을 의미하는 희망 자체였을 것이다. 아직은 철이 덜 든 동생에게 자랑스러운 형이 되고, 큰 기대를 품고 있는 부모님께 효도하는 장남이 되리라고 다짐했을 것이다.

'내 동생은 내 본을 많이 받으니까 자랑스러운 형의 모습을 보여 주어야지.'

대학 입학 학력고사는 3개월밖에 남지 않았지만 자신은 있었다. 최선을 다해서 준비해 왔기 때문이다. 짧은 기지개를 켠 후, 책을 덮었다. 그러고는 평상시처럼 짧은 산책을 나서기 위해 집을 나섰다.

그 순간 아이는 알지 못했다. 다시 그 책을 펼 수 없다는 사실을. 그리고 지나치게 혹독한 '다른 시험'을, 너무 일찍 치르게 되리라는 것을.

딱 그때쯤, 나는 짜증이 머리끝까지 나 있는 상태였다.

"대체 이 새끼들은 죄다 어디서 기어 나오는 거야!"

잡아도 잡아도 끝이 없다. 한 놈을 감옥에 집어넣으면 다른 놈이 기어 나와 또 다시 똑같은 범죄를 저지른다. 대책 없이 무수히 잡혀 온다. 이 악순환은 끝나기는커녕 심해져만 간다.

내가 어릴 적엔 거의 모든 국민이 찢어지게 가난했다. 이름도 모르는 아프리카 독재국가랑 가난한 정도를 가지고 네가 갑이니 내가 을이니 겨룰 정도였으니 말 다 했다. 1992년도 뉴스에서는 선진국 진입이 코앞이라고 연일 떠들어댔다. 이젠 서양인들이 일본이 아니라 우리나라 차와 전자제품을 사간단다. 문민정부 시대가 들어서면서 정치적으로도 완전히 민주화가 되었다고 팡파르다.

도대체 뭐가 불만이어서 범죄가 끊이지 않는 건지 모르겠다. 무조건 잡아넣자. 그것이 내가 잘하는 일이니까. 그렇다. 나는 그때 나쁜 놈들에겐 악惡이라는 것이 단단히 뿌리박고 있는 것이라고 믿었다.

녀석은 시원한 가을 날씨를 만끽하며 가벼운 발걸음을 옮겼다. 거리에 놀러 나온 사람들을 바라보니 수험생인 자기 입장과 비교되어 주눅이 들기도 했다. 하지만 이내 다시 어깨를 폈으리라. 이

가을이 끝나고 겨울에 접어들 때쯤 오랜 학창생활이 끝나고 기대에 찬 새로운 인생이 시작될 테니 말이다.

나는 지금도 이 사실을 반복해서 강조하는 사람이다. 인생 중 가장 비극적인 일은 꼭 어둡고 슬픈 순간에만 찾아오지 않는다고. 불운이란 놈은 질투심이 강해서, 당신이 가장 활기차고 즐거울 때도 곁에서 지켜보고 있다고. 녀석에게 또한 마찬가지였다.

왜 하필 그곳에 눈길이 멈추었을까? 아이의 두 눈에 들어온 건 잠금 쇠가 풀려 있는 자동차였다. 그냥 무심히 시선이 멈춘 창틀에 보이는 볼록하게 튀어나온 도어락. 그 작은 부품이, 어두운 가운데서도 그날따라 왜 그리 잘 보였을까?

처음에는 그냥 호기심이 발동했다. 정말 차문이 열렸는지 아닌지 확인해 보고 싶었을 뿐이었다. 문제는 그때부터 시작되었다. 자동차 열쇠가 꽂혀 있었다. 청소년다운 호기심은 점점 역시나 '청소년다운' 충동으로 변해 갔다.

'나도 언젠가 이런 차를 갖게 되겠지? 대학생이 되면 운전면허부터 따고, 드라이브도 다니면 좋겠다.'

인생 처음으로 처한 색다른 상황. 점점 커지는 호기심. 쿵쾅거리는 심장 소리는 녀석을 말리지만 한편으론 위험천만한 궁금증이 유혹을 해 댄다. 혼란스러운 순간, 아이의 머릿속에는 여러 가지 생각이 스쳐갔을 것이다.

하지만 중요한 한 가지가 없었다. 사람들이, 이 냉정한 사회가 범죄라는 행동을 어떻게 규정하고 처벌하는지에 관한 지식이 없었다. 그것이 충동적인 실수였다고 해도 말이다. 전국에서 공부 잘하기로 열 손가락 안에 꼽히는 녀석이었지만 범죄 규범에 대해 아는 바는 없었다. 결국 아이는 충동이 이끄는 대로 차문을 열고 말았다.

그 아이는 '여기까지만 살펴봐야지.'라고 생각하면서 차문을 연 순간 '침입죄'를 저질렀다. 하지만 그 누구도 말해 준 적이 없으니 얼마나 큰 잘못을 하고 있는지 알 턱이 없었다.

아이는 떨리는 손을 추스르면서 열쇠를 돌렸다. 차가 움직이기 시작한 순간 이젠 '절도죄'까지 가중되었다. 자동차처럼 고가의 물건에는 '절도죄'가 성립되며 게다가 무면허 운전이다. 하지만 그런 걸 가르쳐 주는 학교는 없다. 대학입시에 나오지 않는 지식을 알려 주는 교사 또한 없다.

400~500미터쯤 갔을까? 갑자기 뒤에서 '빵!' 하는 소리가 들렸다. 서투른 운전 탓에 뒤차는 계속 경적을 눌러댔고 소리에 놀란

아이는 급하게 핸들을 틀었다. 그 순간 당황해서 중앙선을 침범했고 겨우 차를 세웠는데 사람이 있는 건 보지 못했다. 데이트 중이던 두 남녀가 차 범퍼에 밀려 넘어지고 말았다. 순간 녀석의 머릿속은 새하얘졌다. 이제 범죄는 상해죄로까지 번졌다.

상해. 사람을 다치게 했다는 뜻이다. 고의는 아니었다고 해도 해를 입힌 이상 책임을 묻게 돼 있다. 다행히 두 사람은 차에 살짝 부딪힌 정도라 금세 일어났다. 하지만 공포에 질린 아이에겐 아무것도 보이지 않았다. 그저 반사적으로 차문을 열고 뛰쳐나갔다. 뺑소니다.

달리는 아이는 더 이상 전교 1등 우등생도, 장래가 촉망되는 원자력공학과 지망생도 아니었다. 세상이 사냥감 쫓듯 추적하는 '수배범'에 불과했다. 절도죄, 무면허운전(도로교통법 위반), 특정범죄가중처벌 등에 관한 법률위반(뺑소니) 등으로 돌아 올 수 없는 강을 건너고 말았다.

나는 내게 그런 날이 올 줄은 몰랐다. 범인이 더 흉악한 놈이길 바라는 날 말이다. 소리 지르며 난동부리고, 능청스럽게 거짓말하는 '범인다운 범인'이었으면 좋겠다고 생각하게 되다니……. 뺑소니 사고에 관해 처음 보고받았을 때만 해도 지레 그렇게 짐작했

애들아,
그래도
사랑한다

다. 술 취해 정신 나간 짓을 습관적으로 일삼는 주정뱅이거나, 차를 훔치려다가 사고가 나니까 도망간 상습 절도범. 아니면 남의 차 몰고 튀는 게 무슨 훈장이라도 되는 듯 뻐기는 불량 청소년이겠지. 보통 나쁜 놈들은 다 고만고만하니까.

하지만 내 앞에 앉아 있는 아이는 너무나 순진하고 천사 같아 보였다. 얼굴은 뽀얗고 여자라고 해도 믿을 정도로 예쁘게 생겼다. 수갑을 찬 채로 "이건 뭐예요?" 하며 어린아이처럼 신기한 듯 경찰서를 두리번거리고 있다.

보통 형사는 용의자를 만나자마자 기부터 죽이고 봐야 한다. 바늘에 찔려도 악 소리도 안 지를 것 같은 냉정함이건, 사나운 말투건, 험악한 표정이건 관계없다. 기선제압을 못했다간 살살 거짓말 치며 미꾸라지처럼 빠져나가려는 놈들에게 틈을 주게 된다.

하지만 녀석을 대하자 나는 당혹스러웠다. 천사 같은 모습을 하고 순진하게 앉아 있는, 혼란스러운 듯 보이는 용의자. 용의자라고 부르기도 민망했다. 새하얗게 질려서 더 여려 보였다. 하지만 나는 단 한 순간도 부드러운 표정을 지어 보일 수 없었다. 아니, 그러면 안 되었다.

점점 실감이 나는지 아이는 한겨울에 비 맞은 사람처럼 온 몸을 부들부들 떨기 시작했다. 오히려 진술을 듣기 위해 기운을 북돋아 줘야 하는 상황이라니……. 나는 순간 견딜 수 없는 슬픔을 느꼈다. 다음부터는 그러지 말라고, 집과 학교로 돌아가서 열심히 공부하라고 말해 주고 싶었다. 그렇지만 역시나 그럴 수 없었다. 어디까지나 이곳은 경찰서고 녀석과 나는 범인과 형사로 마주 앉아 있다. 어떠한 동정도, 관용도 베풀어서는 안 된다. 그건 법을 어기는 일이다.

녀석이 간신히 입술을 움직여 더듬더듬 뱉는 진술을 들은 나는 가슴속에 자리 잡은 슬픔이 더 크게 자라남을 느꼈다. 고운 얼굴 생김새와 달리 몹시 가난한 집안의 장남인데 그 애만이 가정의 미래를 밝혀 줄 희망이라는 거다.

나 또한 척박한 유년시절을 보냈기에 가난과 어둠에서 벗어나기 위해 몸부림치는 것이 어떤 것인지 온 몸으로 이해하고 있다.

'세상 학생들이 다 너 같았으면 좋겠다.'

나는 소년을 위해 한 자락 희망을 품기 시작했다. 피해자를 잘 설득하면 아이에게 다시 한 번 기회를 줄 수 있을 것 같았다. 만약 그렇게 된다면 나는 굳은 표정을 풀고 '짜샤, 앞으론 정신줄 놓지 말고 실수하지 마.'라면서 어깨를 툭 한번 치고 집에 돌려보낼 것이다.

어느새 나는 녀석을 위해 작은 기도를 올리고 있었다. 형사가 아닌 한 인생 선배, 어른, 인간으로서 말이다. 슬프게도, 이 모든 것은 '만약'이라는 단어가 붙은, 이뤄지지 않는 소원이었다.

피해자들을 만나 본 이후, 나는 낙담할 수밖에 없었다. 차 주인은 사정을 아는 동네 주민이어서 선처해 주었지만 문제는 다친 사람들이었다. 그들에게 있어 아이는 자신에게 해를 가한 범죄자 이상도 이하도 아니었다. 그들이 바란 건 진심어린 사과와 반성보다는 더 가혹한 처벌과 높은 합의금(각각 2천만 원과 3천만 원)이었다. 5천만 원은 지금 물가로 계산해 보면 1억 5천만 원에 육박한다.

당시는 뺑소니 사고를 어느 때보다 강하게 처벌했다. 불황이 장기화되고 있는 요즘이라면 합의가 쉬웠을지도 모르겠다. 서로가 어려운 처지이니 사람들이 형사 합의액수를 무조건 높게 부르기보다는 가해자 상황을 봐주는 경우가 많아졌기 때문이다.

하지만 거품경제가 극도로 과열되었던 1990년대에는 범죄피해를 당한 걸 복권처럼 생각하는 비뚤어진 풍토가 존재했다. 가벼운 부상이었음에도 어른들은 차가운 숫자를 내밀었다. 한 소년 앞에 펼쳐질 미래를 담보로 한 냉정한 거래였다.

나는 섬뜩한 기운이 들었다. 앞으로 다가올 일들이 예상되었기 때문이다. 아이에게, 아니 온 가정을 통틀어도 그만한 돈은 없었다. 하지만 당연하게도, 나는 어떠한 개입도 할 수 없었다. 경찰관은 어디까지나 피해자편에 서야 한다. 거기에는 어떠한 인정도 개입될 수 없다. 개인을 대신해 정의를 이루는 조직이 경찰이다.

합의가 되지 않으면 구속되어야 한다. 하지만 나는 과연 이것이 '완벽한 정의'인지 되묻기 시작했다. 녀석은 합의할 돈이 없을 뿐만 아니라 법적 대리인인 변호사를 구할 비용도 없었다.

아이 편에 선 유일한 사람은 그를 체포한 형사, 바로 나뿐이었다. 학교로, 법원으로 바삐 뛰어 다니며 탄원했다. 더 이상 형사와 범인으로서가 아니라, 돕고 싶은 어른과 처절한 곤경에 빠진 소년 사이로서. 하지만 나는 이내 절망적인 한계에 부딪히게 되었다. 학교를 빛내 줄 제일 큰 희망이라며 항상 친절하게 대하던 교사들은 누구보다도 빠르게 등을 돌렸다. 아이는 어느덧 학교의 최고 수치가 되어 있었고 '학교 차원에서 범죄자를 비호할 수 없다'는 싸늘한 대답만 들었다.

뺑소니 피해자들 또한 끝까지 완고했다. 자비나 용서는, 그들이 원한 보상이 이뤄진 이후에나 꺼낼 수 있는 '말하고 싶지도 않은 일'이었다. 제시한 금액이 아니면 가혹한 처벌로써 보상받겠다는 것이다.

| 애들아,
그래도
사랑한다

법원 또한 마찬가지였다. 탄원서에 적은 내용이 이미 먼 과거 사, 아니 다른 사람 이야기라도 된 듯 관계자들은 냉담했다. 아이가 가난을 이겨 내기 위한 노력, 공부, 가정의 희망은 모두 한 범죄자가 주절거리는 그저 그런 변명거리로 전락했다. 사건을 담당한 검사가 나를 의심하는 일도 있었다.

"대체 얼마나 받아먹었기에 이렇게까지 나서는 거요?"

경찰이 범죄자를 구하려고 백방으로 뛰어다니다니 이해가 안 되었던 것이다.

이쯤에서 안타까움은 서서히 분노로 변해 갔다. 이건 너무나도 큰 모순이다. 공부 잘하는 모범생이었을 때는 '착한 학생'으로 칭송하더니 범죄자가 되자마자 '어른 취급'하는 이중성이었다.
물론 녀석은 자신이 저지른 일에 관해 책임져야 마땅했다. 하지만 상습적으로, 혹은 고의로 범죄를 저지르는 철면피 어른들과 같은 대접을 받아야 하는 것이었을까? 실수한 청소년에게 맞는 다른 처벌은 없었던 것일까?
불구속을 건의한 것도 다 물거품이 되고, 밤 11시 검찰청으로부

유치장 창살문이 무거운 소리와 함께 열리는 순간이었다.
작은 신음소리 하나 내지 못하던 애가 주저앉더니,
가슴 깊은 곳으로부터 터져 나오는 울음을
토하고 말았다.

터 구속 영장이 나왔다는 연락이 왔다. 영장집행을 할 수밖에 없었다. 그는 구속되었다. 구속수사를 위해 유치장으로 향하는 길. 마치 교수대에 오르기 전 사형수처럼 녀석은 차마 스스로 발걸음을 옮기지 못했다. 어찌 보면 교수대라는 표현이 지나치지 않다. 당연히 학력고사도 치르지 못했고, 아이네 부모님은 거의 가정을 유지할 수 없는 상태에 이른 후였다. 충격을 받은 어린 동생은 앞으로 어떻게 지낼지 가늠조차 할 수 없었다.

유치장 창살문이 무거운 소리와 함께 열리는 순간이었다. 작은 신음소리 하나 내지 못하던 애가 주저앉더니, 가슴 깊은 곳으로부터 터져 나오는 울음을 토하고 말았다. 유치장 안에 수감된 사람들을 보고 무너져버린 자신의 꿈과 미래를 예감한 것이리라. 두려움과 공포에 찬 통곡 소리는 경찰서 안 모든 사람들을 무겁게 침묵시켰다. 누구도 제지할 수 없었다. 모두가 가슴 아파했다. 경찰은 냉정하게 법을 집행하기만 했지 범죄를 미리 막지는 못했던 것이다.

아이는 유치장 안에서 괴로움에 소리를 지르고 바닥에 머리를 박고 온갖 자해를 시도하기까지 했다. 다음 날 아침 아이를 사무실로 데려와 이야기를 하고 달래며 안아 주었다. 하지만 밤이 되면 다시 또 진정하지 못하고 위험한 행동을 시도했다. 보통 검찰에 사건 송치하는 기간은 10일 내이지만, 아이는 3일만에 보내졌다. 유치장에서라도 빨리 벗어나라고…….

정의는 실현되었다. 죄인은 무거운 벌을 받았다. 하지만 과연 이 순간 누가 행복한가?

아이가 내 시야가 닿지 않는 곳으로 가고 난 이후에도 나는 희망을 잃지 않으려 애썼다. 녀석은 죄로 인한 대가를 치를 것이다. 그리고 다시 일어서리라. 똑똑하고 착한 아이니까 가능하다. 재수면 어떻고 삼수면 어떠랴. 인생 공부한 셈치고 다시 찾는 거다. 잃어버린 잠깐 동안의 인생을 말이다.

하지만 얼마 후 나는 깨달았다. 대학 입시나 전과기록이 가장 절실한 문제가 아니었음을. 가장 중요한 문제는 아이가 너무 어린 나이에, 갑작스럽게 모든 사람들로부터 배신당하는 경험을 한 것이었다.

나는 다시 범인들을 잡아들이는 현장으로 돌아와, 폭행, 강도죄로 붙잡혀 온 10대 아이를 붙잡아 취조하고 있었다. 기계적으로 본적, 성명, 거주지, 주민등록번호를 입력했다. 가족관계를 묻는데 아버지, 어머니 그리고 형이 하나 있다고 한다. 순간 소름이 끼쳤다.

"혹시 공부 잘했다는 그 형 아니야?"

애들아,
그래도
사랑한다

"네."

어떻게 악연도 이런 악연이 있나. 강도 용의자로 잡혀 온 녀석은 아이가 유치장에 들어서는 순간까지 걱정했던 바로 그 남동생이었다.

"형 지금 어떻게 지내?"
"학교는 잘렸고요. 우리 가족은 이제 같이 안 살아요. 다 흩어졌어요."
"형은 어디 있는데?"
"학익동에 있었는데, 지금도 거기 있는지 모르겠네요."

동생의 입을 통해 형의 소식을 들은 나는 더 이상 굳은 표정을 유지할 수 없었다. 당장 그 아이를 만나러 가야 했다. 아이가 머무는 곳은 인천의 가장 밑바닥이라 불리는 집창촌이었다.

학익동. 학이 날개를 펼친 모양이라는 뜻이다. 많은 접객업소가 모여 있어서 당시 밤에는 인천에서 가장 화려한 곳이었다. 가장 높은 산 아래에 가장 넓고 시꺼먼 그림자가 드리우듯, 온갖 군상들이 힘든 육신을 끌고 머물다 간다고 하는 집창촌이 학의 날개

한 구석에 자리 잡고 있다.

지금은 그 터가 완전히 사라졌지만, 성매매 여성들을 제외하고 그곳에 둥지를 튼 남자들은 세 부류로 나뉜다. 영화에서도 나오듯 포주와 기둥서방들은 여자 위에 왕처럼 군림하며 몸과 돈을 갈취한다. 그 외 한 부류가 더 있는데 바로 '난쟁이'다. 난쟁이는 그곳 여자들의 잔심부름을 하거나 경찰 단속 때 망을 봐 주고, 때로는 대신 매를 맞아 주는 남자들이다. 유일하게 여자들보다 서열이 낮은 이들이고, 집창촌에서도 가장 밑바닥 계급이다.

나는 원자력 공학자가 아닌 '난쟁이'가 된 아이의 방에 떨리는 가슴으로 발을 들여 놓았다. 처음에는 사람을 잘못 찾은 줄 알았다. 앉은 자세가 구부정해서 어디가 목이고 어디가 다리인지 모를 정도로 심하게 무기력한 몸. 곱고 하얗던 피부는 담뱃진과 술에 절어 검붉게 변해 있었다. 만으로 스무 살 남짓된 청년이라고는 믿기 힘들 정도로, 얼굴과 몸 구석구석에는 노인들에게나 생기는 검버섯이 피어 있었다.

방 안에서는 온갖 음식 썩는 냄새가 진동했다. 나는 악취 때문에 찌푸려지는 인상을 억지로 펴고 가까스로 웃음을 지어 보였다. 하지만 그것도 잠시, 녀석의 깡마른 몸을 부둥켜안고 울음을 터뜨릴 수밖에 없었다. 아이가 유치장에 들어서기 전에 함께 울어 줄

애들아,
그래도
사랑한다

수 없었던, 가슴속에 오랫동안 억누르고 있었던 그 울음이었다.

"형사님, 왜 그러세요?"
"미안하다. 미안해. 내가 너무 미안해."
"형사님께서 뭐가 미안해요. 저 같은 것 때문에 울지 마세요."

그때 들여 보았던 녀석의 눈. 평생 잊을 수, 아니 잊어질 리 없는 그 텅 빈 눈빛. 사람이, 그것도 앞날이 창창한 청년이 절대로 가져서는 안 되는 시커먼 구멍. 그때 나도 모르는 내 가슴속 깊은 곳은 이렇게 외쳤던 것 같다. 절대로 아이들 눈에 그 텅 빈 끝을 안기지 않겠다고.

녀석에게 어떻게든 꼭 뜨듯한 밥 한 술을 떠먹이겠다고 근처 식당으로 향했다. 고춧가루를 너무 많이 타서 냄새마저 알싸한 생선찌개를 파는 허름한 '집창촌용 식당'이었다. 물보다 술을 더 많이 마시는 알코올중독자들이 여기저기 앉아 있었다. 무의미한 표정으로 해장하는 그들은 위장이 심하게 헐어서 국물이 아프도록 맵다는 사실도 모르는 모양이었다.

다들 길거리 생리에는 도가 튼 인간들이라 식당주인부터 손님까지 내가 형사라는 걸 알아차리고 슬금슬금 눈치 본다. 내 앞에

앉은 아이가 무슨 죄를 저질러 나와 마주 앉아 있는 것인지 궁금한 게다. 나는 벌떡 일어나서 가슴을 치면서 소리 지르고 싶은 충동에 휩싸였다.

"그렇게 보지 마쇼. 이 사람들아! 이건 범죄고 형사고 하는 문제가 아니야! 이 아이는 어른이 아니야! 아직 보호해 주어야 한다고! 한 사람의 인생, 한 생명에 관한 일이란 말이다!"

하지만 나는 그저 아이가 힘없이 밥 먹는 모습을 지켜볼 수밖에 없었다. 그때 나는 소원했다. 간절하게, 처절하게 소원했다. 나에게 형사 말고 다른 자격으로 아이들에게 다가가서 돌봐 줄 수 있는 이름이 있다면. 그럴 수 있다면……. 이 지경에 이르기 전에, 역사가 냉정하게 등을 돌리기 전에 무언가를 바꿀 수 있다면…….

세월은 멈추지 않는 자를 보상한다고 했던가? 요즘 나는 학교에 강연을 갈 때마다 나로 인해 퇴학생, 혹은 불량 청소년에서 좋은 학생으로 변신한 제자들을 꼭 마주친다. 강연이 끝나면 녀석들을 껴안고 등을 다독여 준다. 남들 보기 좋으라고 꾸미는 상황이 아니다.

| 애들아,
| 그래도
| 사랑한다

그냥 녀석들이 학교에서 성실하게 생활하는 모습을 보니 저절로 그런 광경이 펼쳐진다. 녀석들과 헤어질 때 나는 몇 번이고 뒤를 돌아보면서 말한다.

"사랑한다! 또 만나자. 연락할게."

주변에서 보는 사람들에게는 이제 좀 그만하라고 말릴 정도로 닭살 돋는 모양이다.

녀석과 집창촌에서 헤어질 때도 그랬다. 아이가 귀찮아할 때까지, 모습이 안 보일 때까지 다시 멈춰 서서 뒤를 돌아봤다. 그리고 다시 인사했다. 그때 한 번 더 뒤돌아보았다면 천에 하나, 만에 하나라도 결과가 달라지지 않았을까? 건강하게 다시 일어선 아이가 어엿하게 사회를 이끌어가는 중년이 되어 나와 술잔을 부딪치고 있지 않았을까? 하지만 그날은 허락되지 않았다.

얼마 후 동료경찰이 침울한 표정으로 다가왔다.

"형님, 그 학생 자살했대요."

순간 나는 나도 모르게 일어섰다. 온몸이 부들부들 떨렸다. 결

애들아,
그래도
사랑한다

국 아무것도 해 주지 못한 나 자신이 너무나 무력한 존재로 느껴졌다. 그리고 내 가슴은 충격과 슬픔에 입 다물어 버린 나에게 외쳤다.

"무슨 짓을 해서라도 막아라!
아이들 앞에서 피에로 복장을 하건, 차력 쇼를 하건 상관없다.
엉덩이로 이름을 쓰건, 머리를 빡빡 밀건 상관없다.
무릎 꿇고 빌건, 떠나가라 호통을 치건 관계없다. 무조건 막아야 해!"

나는 그 자리에 다시 앉지 않았다. 검거왕이라는 명예와 고위 간부 승진이라는 미래를 내려놓고 가슴이 보여 준 길을 따라 떠나기 시작했다. 아니 떠날 수밖에 없었다.

그리고 청소년 지도사, 범죄예방교육 일을 해 온 지 20년 가까이 흘렀다. 문득 정신을 차려 보니 세상이 이제는 지나온 길을 한번 돌아보고 이야기를 해 달라고 한다. 나는 이제는 '경찰관'이라는 이름 말고도 다른 이름이 있기에 자신 있게 펜을 들어 본다. '학교 범죄 예방 교육자'보다도, '청소년 폭력 근절 전도사'보다도 더 소중한 이름. 바로 학교에 지친 몸을 이끌고 강연을 갈 때마다 더 자주 마주치게 되는 애제자들이 불러 주는 그 이름 '사부님'이다. 애제자가 되려면 최소 퇴학 경력은 기본이니 그 아이들이 다시 학생이, 그것도 착한 학생이 되어 넉살부리면서 웃어 보일 때, 나는 이제 비로소 형사일 뿐만 아니라 진정한 사부임을 느끼게 된다.

"녀석아. 이게 그렇게 해 보고 싶었냐."

오늘도 나는 자동차에 시동을 걸면서 기도 아닌 기도를 한다. 오늘은 어떤 녀석이 내 애제자가 될까? 그리고 나는 그 녀석에게 어떤 사부가 될까? 얼마나 많은 녀석들이 학교에 돌아온 뒤에 나는 나를 향해 다시 웃음 짓는 '그 녀석' 얼굴을 보게 될까?

애들아,
그래도
사랑한다

차례

프롤로그 꺼내기 힘든 이야기

제1장 내가 아팠기 때문에 너희들이 아프다는 걸 알아

1. 가슴이 시키는 일 · 37
2. 세상을 구하는 사람들 · 45
3. 내가 아팠기 때문에 너희들이 아프다는 걸 알아 · 52
4. 어른이 된다는 것 · 59

제2장 형사로 어두운 거리에 서서

1. 범죄자는 태어나는 게 아니라 길러진다 · 71
2. 애들아, 너희들 잘못이 아니야 · 77
3. 상대가 아파하는 줄 몰랐다고? · 83
4. 그 무엇보다 인성교육이 먼저다 · 95
5. 학교에 간 형사 · 102

제3장 범죄 예방 강연 대장정에 오르다

1. 당신의 피에로 복장은 무엇인가 · 109
2. 웃음이라는 명약 · 117
3. 그 어떤 문제아도 결국 아이일 뿐이다 · 125
4. 끝까지 포기하지 말아 주세요 · 131
5. 피해학생, 그 처절하게 아픈 이름 · 139

제4장 학교 밖 거리에서 만난 아이들

1. 갈 곳 없는 아이들에 대한 세 가지 편견 · 155
2. 짜장데이 · 164
3. 네 부모는 네 부모고 너는 너다 · 173
4. 비난만 하지 말고 들어 주세요 · 182
5. 범죄자를 꿈꾸는 아이들 · 196

제5장 어른들의 잘못이다

1. 이제 학교가 나서야 할 때 · 209
2. 더 많은 관심이 필요합니다 · 212
3. 일본에서 온 전화 · 217
4. 어설픈 선의는 악의가 된다 · 221
5. 어른이 막지 못한 범죄 · 226

에필로그 나는 옛날에 너희들이었고, 너희들은 나중에 내가 될 것이다
감사의 말
취재후기

내가 아팠기 때문에 너희들이 아프다는 걸 알아

1. 가슴이 시키는 일
2. 세상을 구하는 사람들
3. 내가 아팠기 때문에 너희들이 아프다는 걸 알아
4. 어른이 된다는 것

1
가슴이 시키는 일

자식보다 어린 아이들 앞에서 피에로 복장에 하얗게 빨갛게 화장을 한 나를 보고 사람들은 묻는다. 무엇이 당신을 그렇게 하도록 이끄냐고. 간이 안 좋아 하루에도 몇 번씩 눈앞이 샛노랗게 어른거리는 몸을 새벽에 일으켜 집을 나선 후 다시 새벽에 들어오는 일과를 계속할 때도 사람들은 비슷한 질문을 한다. 어떤 힘이 당신을 이끄냐고.

내 다이어리의 월간계획표는 학교 강연 일정이 빼곡하게 적혀 있어 새카맣다. 하루에도 두세 곳, 서울, 경기도뿐 아니라 전국 각지에 있는 학교로 강연을 다닌다. 거의 20년간 1,500회가 넘는 강

가슴이 시켜서 합니다.

연을 했다. 이 횟수는 그만큼 우리 학교, 우리 사회의 청소년들이 위기에 처해 있고 어른들은 답을 찾지 못하고 있다는 뜻이기도 하다. 강연료를 주는 곳도 있지만 그렇지 않은 곳이 대부분이었다. 교통비나 경비는 모두 내 지갑에서 나간다.

학교에서 퇴학 대상 학생들, 소위 문제아들에게 마지막 기회를 주기 위해 나에게 보내 상담을 받게 하는 경우가 있다. 일주일에 한 번씩 그 아이들을 만나 고민을 듣고 이야기하는 날을 '짜장데이'라고 한다. 짜장데이에 아이들은 짜장면만 먹지 않는다. 설마 그럴 거라고 생각하는 순진무구한 사람은 없겠지. 탕수육은 기본이요 나도 못 먹어본 양장피에 팔보채까지 시킨다. 심지어는 풀코스 요리를 먹자는 깜찍하고 사랑스러운 놈들까지 있다. 그 비용은 모두 내 낡은 바지 주머니에서 나온다. 한 나이든 경찰관이 월급 일부를 출자한 '박용호표 짜장데이 성금'이다.

여기까지 듣고 나면 사람들은 대체로 입을 반쯤 벌리고 놀라며 묻는다. 어떻게 그렇게 할 수 있느냐고. 하루 강연 일정을 서울에서 시작해 수도권을 거친 후 KTX를 타고 경북까지 내려가 강연을 한 후 막차를 타고 돌아오는 날도 있었다. 그럴 때 나는 항상 이렇게 대답한다.

"가슴이 시켜서 합니다."

이 무슨 카우보이가 한강고수부지에서 롤러 타며 똥폼 잡는 얘기냐고 하실지 모른다. 더 그럴듯한 대답을 듣길 원하는 사람들도 있을 것이다. 하지만 이 대답이 진심이다. 무언가를 계획하고 시작한 일도 아니다. 오랫동안 연구하고 "지금부터라면 해도 되겠지."라고 확신해서 뛰어든 것도 아니다.

20여 년 전의 사건을 계기로, 지금까지 살아온 나와 너, 우리를 고민하게 되었고, 주저 없이 일어선 후 나섰다. 그리고 지금 이 지점까지 뛰어온 것이다.

가슴이 아닌 머리가 먼저 시키는 일은 간사하다. 위기가 올 때마다 지레짐작으로 움츠러들게 만들고, 손해가 얼마일지를 따져 그 돈과 시간을 나 자신에게 투자하면 얼마나 이익이 많겠냐며 유혹한다.

하지만 가슴은 그러지 않는다. 지금 아니면 안 된다고 소리친다. 게으르게 늘어진 팔과 다리를 일으켜 세워 걷게 만들고, 나뿐만 아니라 남을 위해서도 손을 내밀게 만든다. 그렇다고 해서 머리가 시키는 일을 무슨 간신배 취급하는 건 절대로 아니다.

나이가 들고 나니, 때로는 열정보다 냉정이 더 큰 사랑을 베풀

애들아,
그래도
사랑한다

게 만든다는 사실을 더욱더 절실하게 깨닫는다. 끝이 어떨지를 생각지 않고 급하게 첫 단추를 끼워서 문제 생기는 경우를 자주 겪었던 사회가 우리 한국 사회다. 개인도 마찬가지다. 물질적 증거 없이 심증만 가지고 시작하는 열혈 수사가 좋은 결과를 못 낳듯이 말이다.

그렇지만 한 가지는 확실하다. 세상 많고 많은 일 중에 최소한 다른 사람을 위하는 일에 있어서 '보스'는 어디까지나 가슴이어야 한다는 생각. 절대로 머리여서는 안 된다. 내가 왜 '보스'라는, 얼핏 들으면 폭력조직에서나 쓸 법한 험악할 수 있는 단어를 사용했는지 이유를 말하겠다. 보스는 가장 힘이 셀 뿐 아니라 제일 높은 존경을 받는 인물을 뜻한다. 본래 서양에서는 이 보스라는 개념은 조직체에서 두려움뿐만 아니라 존엄성을 상징하는 좋은 뜻이다.

내가 한참 강연을 다닐 때 청소년들이 가장 동경하는 직업 1순위가 '폭력조직 보스'로 나왔던 적이 있었다. 게다가 가장 '완벽하다고' 생각하는 직업 1위에도 올랐다니 이 얼마나 통탄할 만한 일인가! 당시 각 매체에서는 이게 무슨 현상인지 걱정하며 호들갑을 떨었다. 영화나 드라마에서 줄기차게 악당 보스들을 미화해 대더니 걱정할 만한 수준까지 온 것이다. 실제 종류도 다양하고 수법도 다양한 범죄조직 두목들을 체포하고 다뤄본 나로서는 그런 미화들이 얼마나 얼토당토않은 허구인지 알고 있으니 기가 찰 노릇이다.

그들은 절대로 진정한 '보스'가 아니다. 왜냐하면 힘은 셀지 모르고 모두 두려워하는 공포의 대상일지는 모르나 '진정한 존경'을 받는 자들이 아니니까 말이다. 그들 밑에서 온갖 흉악한 범죄를 일삼는 부하들도 두목을 존경하거나 사랑해서 충성을 다하는 게 아니다. 부하 생활에 잔뼈가 굵은 사람일수록 한 가지를 확실히 안다. 두목이라는 직함을 가진 자일수록 더 가혹하게 배신하고 버린다는 사실을. 그러니 버림받지 않으려고, 벌받지 않으려고 아웅다웅할 뿐이다.

영화에서처럼 두목을 위해 목숨을 버리고 대신 체포되거나 처벌받는 의리 있는 부하? 모두 실제 범죄 현장을 경험해 보지 못한 사람들이 꿈꾸는 허상일 뿐이다. 사건 관계자들을 체포해 경찰서로 연행하면 제일 먼저 조직의 두목을 고발하고 비난하는 사람은 피해자가 아니다. 오히려 사무친 일이 많은 부하들이다. 서로에 대한 진정한 존경심이라고는 눈 씻고 찾아봐도 없는 자들이니 당연하다. 요즘 범죄조직 두목은 가장 힘이 센 자가 되는 것도 아니다. 가장 '악독하게 잔머리 굴리는' 약삭빠른 놈이 되는 경우가 많다.

신이건, 사상이건, 사람이건 진짜 보스는 존경받을 만한 대상이

어야 한다. 이 글을 읽는 사람들은 스스로가 모시는 보스가 누구인지 자신에게 물어 보라. 꼭 거창한 대의가 아니라도 누구나 마음속에 보스가 있다. 그 보스가 남들 보기에 더 찬란하거나 고결할 필요는 없다. 하지만 분명한 건, '존경할 만한' 분명한 이유가 있어야 한다는 사실이다. 그것이 물질적인 것보다 정신적인 가치면 더 좋다. 한 순간 범죄로 자신은 물론 남 인생에까지 상처 내는 사람들은 한 가지 공통점이 있다.

물건 돈, 사람 등 물질적인 것이 보스가 되어 버린 순간에 잘못된 판단을 했다는 것이다. 자기 가슴이 확실하게 외치는 그 어떤 소리가 없다면, 자신도 모르게 눈앞에 놓인 물질에 사로잡혀 버린다. 모든 사람들 가슴에는 착하고 순수한 '양심'이 깃들어 있다. 마음이 죽어 버렸다고 알려진 사이코패스 범죄자들마저 무엇이 옳고 무엇이 그른지는 알고 있다. 가슴이 없는 사람, 즉 진짜로 '양심'이라는 것이 없는 사람을 대라고 하면 정말 심각한 정신질환자 정도일 것이다. 그래서 정신질환자는 범죄를 저질러도 감옥에 보내지 않고 병원에서 치료받게끔 판결한다. 하지만 더 놀라운 건, 자기가 식물이나 고양이라고 생각하는 심각한 정신병을 앓고 있는 사람들도 옳고 그름을 판별한다는 사실이다. 오히려 소설이나 영화에서와 달리 정신질환자들이 범죄를 저지르는 정도가 일반인의 경우보다 훨씬 낮다.

 부모가 없는 사람, 친구가 없는 사람, 돈이 없는 사람, 건강한 신체를 갖지 못한 사람은 있을 수 있지만, '착한 마음'이 없는 사람은 없다. 모두가 태어나면서 지닌 마음은 착하다. 우리 모두 갖고 있지만 때로는 가장 나중에 귀 기울이는 '정직한 가슴'.

 내가 앞으로 쓸 모든 글은 내가 두 눈으로 똑똑히 보고, 머리로 기억하지만 결국에는 가슴으로 느꼈던 모든 일과 사람에 관한 일기다. 만약 내가 보통 사람보다는 조금 더 많이 돕고, 조금 더 많이 외쳤다고 생각된다면 나를 이렇게 불러 달라.

 청소년 선도에 앞장서는 사람도 아니요, 많은 흉악범을 검거하고 범죄 예방 교육에 열을 올리는 사람도 아닌 '가슴을 보스로 삼아 살아가는 사람'이라고 말이다.

애들아,
그래도
사랑한다

2 세상을 구하는 사람들

"당신에게 세상은 어떤 곳인가?"

많은 사람들이 받는 질문이다. 그만큼 많은 사람들이 묻기도 하는 질문이다. 많이 물어 보니까 대답도 천차만별이다. 사람들마다 꾸는 꿈, 좋아하는 활동, 사랑하는 사람들과의 관계가 다양하기 때문이다. 나 또한 여러 인간 군상들 중 한 사람이니 이 질문을 자주 받았다. 아마 형사라는 '특이한' 직업 때문에 더 궁금한가 보다.

"형사님께 세상은 어떤 곳인가요?"라고 누군가 내게 물을 때면, 나는 주저 없이 '밤거리' 같은 곳이라고 답한다. 어떤 사람들에게 세상은 신나는 놀이공원, 봄꽃 가득한 들판처럼 재미와 낭만이 넘치는 곳일 거다. 하지만 차가운 수갑을 반질반질 닳아버린 바지에 달고, 체포영장을 품에 안은 채 새까맣게 때 탄 운동화 바람으로 아스팔트길을 달려온 내게 세상은 밤거리 그 자체다. 때로는 동료들과 전우애와 고통을 함께 나누면서 갯장어에 대포를 들이켜고, 또 어떤 때는 심장이 터지도록 뛰며 악랄한 범죄자들을 추격하던 곳.

나를 모르는 사람들이 이 대답을 들으면 지나치게 세상을 칙칙하게 보는 거 아니냐며 눈을 동그랗게 뜬다. 그러면 나는 오히려 다시 한 번 되묻는다. '밤'이라는 시간이 풍기는 '어둠'에만 집중해서, 그리고 '거리'라는 장소가 의미하는 '혼란'에만 초점 맞춰서 생각한 나머지 그런 질문을 하지 않느냐고.

본래 밤이란 몸과 마음이 모두 휴식을 취하는 시간이다. 하루나절을 고단하게 물들인 일이나 공부로부터 잠시 탈출해서 여가도 즐기고, 깊은 밤만큼이나 편안한 잠에 빠져 다음 날을 준비하는 안전지대. 나를 사랑으로 지켜 줄 친구, 연인, 가족들과 함께하는 시간. 무엇보다 학교나 직장 같은 조직 속의 내가 아니라 온전히 한 사람으로서의 내가 드러나기도 하는 시간이다.

슬프게도 많은 범죄들이 이 시간에 벌어지는 이유는 원래의 내가 가면을 벗고 그 진짜 모습을 드러내는 순간이 왔다는 것을 의미하기도 한다. 하지만 우리 마음속에 검은 구렁이처럼 도사린 '진짜 어두움'이 그 축복받은 시간마저 공포로 물들이는 것이다.

'거리'라는 공간이 있다는 사실은 세상이 살아 있다는 가장 확실한 증거다. 거리에 사람이 없는 곳은 비상 상황이거나 계엄령이 내려진 경우다. 또한 상상해 보라. 모든 사람들이 자기가 안전하다고 생각하는 공간에만 틀어박혀 있다면 죽은 사회가 될 것이다. 다른 사람이 가진 생김새나 말하는 것을 통해 나를 돌아보고 세상사를 읽을 수 있는 살아 있는 책. 사람들이 각자가 아니라 '함께' 살고 있다는 증거. 하지만 그곳을 걷는 사람들이 '무엇을 보느냐'에 따라 거리는 완전히 달라진다. 내 발끝, 내가 누울 집, 내가 유흥을 즐길 곳만 바라본다면 거리는 그저 각자만을 위하는 사람들이 드나드는 삭막한 통로일 뿐이다.

생각해 보자. 밤거리에 누군가 쓰러져 있다. 어떤 사람들은 흘깃 쳐다본 후 지나친다. 어떤 사람들은 아예 눈길조차 주지 않는다. 술주정뱅이나 노숙자가 아닐까 하며 눈살을 찌푸리는 사람도 있을 것이다. 혹은 도움을 청하거나 직접 도움을 주는 사람도 있을 것이다. 그 쓰러진 사람을 돕는 사람은 세 부류다.

첫째, 신화나 성경 속 성인이나 영웅들.
둘째, 고결하고 명예로운 생각을 가지고 살아야겠다는 사상을 가지고 노력하는 이들.
셋째, 같은 아픔을 겪어 보았기 때문에 거의 '자동적으로' 돕는 사람들.

첫째와 같은 사람들이 이 세상에 많다면 얼마나 좋을까마는 현실은 그렇지 않다. 그래서 이 사람들에게만 기대려고 했다간 금방 세상이 개판이 된다. 둘째에 속하는 사람들에게는 진심으로 감사해야 한다. 남을 배려하고 끌어안을 수 있는 넓은 마음은 얼마나 숭고한가? 이들이 진정한 나눔을 실현할 때, 그들이야말로 첫째 부류에 속하는 성인이요, 영웅이 되는 것이다.

하지만 스쿨 폴리스와 여성청소년계에 몸담아 교육과 자선 현장에 뛰어든 후 깨닫게 된 서글픈 현실이 있다. 물론 전체 중 적은 일부이지만, 머리로만 생각하고 가슴으로 느끼지 못하는 자선가나 단체들이 의외로 많다는 사실이다.

이런 경우, 어느 날 갑자기 후원이 끊기는 일도 잦다. 특히 '돕고 싶다'가 아닌 '도와야 한다'는 강박적 사고를 가지고 어려움에 처한 사람들을 대하는 태도는 매우 위험하다. 오히려 더욱더 깊은

요즘 청소년들이 학교 폭력 문제를 일으키고
탈선하는 이유가 무엇인 줄 아세요?
자기가 얼마나 소중한 존재인지 모른다는 거예요.
자신을 사랑하고 귀하게 여기면 다른 사람도
존중할 줄 알게 됩니다.

상처를 남길 수 있기 때문이다. 슬프게도, 가장 즉각적이고 자동적인 반응을 보이고 전반적으로 가장 마지막까지 도움의 현장에 남아 있는 사람들은 셋째 부류, 즉 상대방이 겪는 아픔을 직간접적으로 경험해 본 이들이다.

평생 경찰관으로 재직하면서 수많은 범죄자들을 접한 이후 알게 된 확고한 사실이 있다.

'상처 입은 사람들이 다시 상처를 준다.'

하지만 이런 사람들이 자신이 품은 기억과 감정들을 다른 이들에게 반대로 대입할 때 소소하지만 큰 기적이 일어난다. 가정 폭력에 시달리는 청소년이 '지나간 또 다른 나'이자 '내 자녀 곁에서 친한 친구나 배우자가 될 수 있는 소중한 인격체'로 느껴질 때, 어찌 그를 외면할 수 있겠는가?

나는 이 셋째 부류에 속한다. 부모로부터 강압적인 대우를 받아 '나는 당했으니까 비뚤어져도 괜찮다.'라고 생각하는 아이들이 많다. 그런 아이들에게 나는 "나만큼이나 아버지에게 맞았냐?"라고 반문한다. 맞은 횟수만큼 비뚤어졌다면 내가 어찌 경찰관으로서 공무를 수행할 수 있었겠는가?

| 애들아,
| 그래도
| 사랑한다

내 유년기와 청소년기를 들려주면 아이들은 내가 어른이어서, 형사여서, 강사여서 경청하는 것이 아니라 같은 아픔을 겪어서, '공감대가 형성된' 또 다른 사람이서 귀를 기울인다.

3
내가 아팠기 때문에
너희들이 아프다는 걸 알아

    내 출생과 가정사는 우리나라의 가장 큰 비극인 6·25전쟁과 함께 시작되었다. 나의 아버지는 동네에서 최고 효자라고 불리는 여린 소년이었다. 효심이 지극했던 데다가 당시 시대가 시대였던 만큼 나이보다 훨씬 어른스러운 삶을 살아야 했다.

    어느 심한 흉년에 열여섯 살밖에 되지 않았던 아버지는 쟁기를 내려놓고 입대하기로 결심하셨다. 그가 할 수 있는 일 중 가장 보수가 높았기 때문이다. 그런데 입대 후 얼마 지나지 않아 전쟁이 터지고 말았다. 최전방을 사수하던 아버지는 여러 번 부상을 당했다. 거의 모두가 목숨을 앗아갈 만한 상처들이었다. 왼손 등에는 총알 관통상, 오른쪽 머리에는 수류탄 파편, 목에는 총검 상처 등……. 그중 가장 큰 상처는 다른 상이용사들과 마찬가지로 마음의 상처였다. 전우가 눈앞에서 폭사하고 어린 학도병이 어머니를 외쳐 가며 죽는 광경을 목격했기 때문이다.

요즘 미군에서는 전투에 참전했던 병사들이 '전쟁 후 외상 증후군PTSD'이라는 정신적 질병에 시달리는지 아닌지 면밀하게 살펴본다. 참전 과정에서 겪었던 정신적 고통을 극복하기 위한 차원에서다. 재향군인회 산하에는 아예 국립PTSD센터까지 마련돼 있다고 한다.

그렇게까지 하는 이유는 전쟁 후 정신적 상처를 안은 채 사회에 복귀했을 때 심각한 문제들이 발생하기 때문이다. 하지만 당시 우리나라 정부나 군에서는 그러한 복지 문제에 신경 쓸 겨를이 없었다. 먹고 사는 것이 더 중요한 시기였기 때문이다.

그러나 전쟁 후 외상 증후군은 절대로 무시할 수 있는 현상이 아니다. 그 병을 앓는 사람들에겐 자고 일어나면, 편안했던 안방이 지옥 같은 전쟁터로 변해 버린다. 주위 사람들이 적군으로 보이기 시작한다. 환청이 들리고 부상으로 인한 고통은 열 배, 백 배 심해진다. 이러한 삶 속에서 나의 아버지가 과연 어떠한 행복을 찾을 수 있었겠는가?

6·25 전쟁 참전 상이2급 용사로 전역하신 아버지는 거의 하루 종일 욕을 입에 달고 사셨다. 총알이 뚫고 지나간 자리는 차라리 나은데 아직 파편이 박혀 있어서 빼지 못한 총알들이 문제였다. 특히 날씨가 궂을 때에는 집 안이 완전히 지옥으로 변했다. 상처 자리가 너무 아프고 가려워 북북 긁어대는 소리가 마당에 울릴 정도였다. 괴로움에 찬 분노 섞인 비명은 어찌나 크던지…….

천둥벼락이 치는 날에는 아예 밤이 늦을 때까지 집에 들어가지 않았다. 집에 늦게 들어왔다고 맞는 것이 차라리 덜 고통스러웠기 때문이다. 아버지가 아픔을 잊고 잠을 자기 위해 조금씩 드시던 술은 날이 갈수록 양과 횟수가 늘어갔다. 그 시간 동안 자식들도 몸집이 커져 갔고 그에 따라 맞는 매도 더 심해졌다.

내가 여러 가지 무술을 배우기만 했다 하면 잘하는 이유는 매우 자명하다. 주먹이나 몽둥이 수준이 아니라 흉기나 곡괭이를 휘두르는 아버지의 매를 피하려면 운동 신경이 뛰어나야 했기 때문이다.

강연 때마다 나는 다른 얘기들에는 조금씩 삭제나 변화를 줘도 이 가정사만큼은 꼭 밝힌다. 절대로 자랑스러워서도 아니고 농담거리로 삼을 수 있는 얘기여서는 더더욱 아니다.

나의 가정 이야기를 하면 그 학교에서 가장 악랄하다고 유명한, 소위 일진들부터 표정과 태도가 싹 달라진다. 왜 그러느냐고?

애들아,
그래도
사랑한다

"안타까웠던 것은 취재를 하던 와중에
소위 말해서 어둠의 주먹세계로 들어가는 친구들이
여러 가지 요소가 결핍되어 있었고
그걸 애써 참으며 견뎌 왔다는 것이었어요.
예를 들면 우리가 사춘기 때 받아야 되는,
어린 시절에 받아야 되는 부모로부터의
절대적인 사랑이나 또는 아버지로부터 배워야 되는
사회성이나 이런 것들이 결핍된 친구들이
결국 주먹의 세계로 들어간 경우를 많이 봤고
그게 상당히 안타까웠어요."

_곽경택 감독 인터뷰 중

답은 뻔하다. 남을 때리는 사람은 대부분 수시로 맞아 본 사람들이다. 어렸을 때 누구에게 그렇게 많이 맞았겠는가? 바로 가정에서 제일 무섭고 힘이 센 사람, 아버지다. 아이들이 태도를 바꾸고 내 말에 귀 기울이는 이유는, 내가 윽박질러서도 아니고 재미있는 얘기를 해서도 아니다.

"바로 내가 너희들이 느끼는 감정을 알아."

이렇게 고백하는 순간 동질감이 형성되고, 강연하는 사람과 듣는 학생이 각자지만 하나가 되는 것이다.

그러면 나는 가정사를 고백하는 데 이어서 학창시절을 이야기한다. 집에서 무지막지한 폭력을 경험하는 애들은 다음 날 학교에 가서 자기보다 더 약한 학생들을 골라 괴롭히는 경우가 많다.

너무나도 부끄러운 일이지만 나 또한 그 공식에서 벗어나지 못했다. 그런데 누가 더 강하고 약한지를 어떻게 알까? 바로 '간을 보는 작업'을 통해서다. 우선 만만해 보이는 놈을 상대로 이리 약 올려 보고 저리 화나게 해 본다. 그때 상대도 공격적으로 나오면 조심해서 접근한다. 하지만 약하게 나오거나 아예 저항하지 못하면 더 괴롭힌다. 이 얼마나 한심한 악순환인가? 집에서 괴롭힘당하

애들아,
그래도
사랑한다

는 아이들이 학교에서 남을 괴롭히고 그 아이들은 또 자라나서 또 어딘가에서 누군가를 괴롭히고……. 이대로 두면 사회가 얼마나 깊게 병들겠는가?

한 가지 짚고 넘어갈 것은 청소년 폭력근절이나 학교범죄예방을 가르치는 사람이 꼭 어린 시절을 불우하게 보냈어야 했다는 이야기는 아니라는 사실이다. 학창시절 남에게 폭력을 휘두른 과거가 교육에 더 유리하게 적용된다는 말은 더더욱 아니다. 충분히 오해할 만한 여지가 있어서 강하게 밝혀 두는 바이다.

하지만 한 가지는 분명하다. 사회가, 학교가 가해자라고 부르는 학생들 또한 무엇인가의 피해자였을 확률이 아주 높다는 사실을 알아 줬으면 하는 바람이다. 그래서 행동과 겉모습만 보고 "너는 죽었다 깨어나도 안 될 놈이야."라고 다짜고짜 윽박지르는 교육은, 아무소용 없는 정도를 지나쳐서 더 해로운 결과만 낳는다. 그 아이가 왜 가해자가 되었는지를 면밀하게 살피지 않는다면 우리는 어디로도 가지 않는 쳇바퀴 속에서 헛걸음만 계속하게 된다.

형사였을 때는 아버지 같은 사람들이 범죄자 쪽에 가깝게 보였다. 하지만 청소년 교육을 시작하면서 그분을 다시 생각하게 되었다. 그러고 보니 아버지 또한 전쟁이 할퀴고 간 상처에 물든 피해자가 아니었던가? 그 아픔 때문에 생긴 분노가 나에게로 향했고 그 화는 나보다 약한 동급생들에게 향했다. 그 동급생들 또한 그 울분을 누군가에게 풀었을 것이다. 이쯤 되고나니 어린애들은 어쩌고 저쩌고를 논하기 전에 어른들이 바로서야 된다는 사실이 우선이라는 답이 저절로 나온다.

애들아,
그래도
사랑한다

4
어른이 된다는 것

어른이 된다는 건, 그냥 만 스무 살이 넘은 사람이 된다는 것이 아니다. 완벽하게 다는 아니더라도 어렸을 때의 세계를 잘 정리하고 다음 단계로 넘어가야 진짜 어른이라고 말할 수 있다. 전편에서 얘기했다시피 나 또한 가정에서 생긴 화를 학교에 와서 푼 적 있다고 했다.

요즘엔 여러 방송매체에서 집단 따돌림이나 퇴학 문제 등을 다큐나 특집방송으로 다루고 있다. 특히 근래 방송은 만드는 사람들 시각에서뿐만 아니라 애들 관점에서 나오는 이야기도 잘 들어본다는 점이 훌륭하다. 한 방송 프로그램에서 아이들이 집에서 부모나 형제에게 맞고 나면 다음 날 누구를 때릴지 고민한다는 인터뷰를 봤다. 세월이 지나도 사람 마음은 다 같은가 보다.

이렇게 '내가 아팠으니 너희도 아파 봐라'라는 식은 어린애 사고방식이다. 집안에서, 학교에서, 사회에서 어른들이 그런 식으로 행동하는데 아이들이 무엇을 보고 자라겠는가? 어른들에게는 조금 치사하게 들릴 수 있는 이야기일지도 모르겠지만 애들은 그럴 수 있다. 하지만 어른은 그래서는 안 된다.

학교폭력뿐만 아니라 가족 내 불화를 상담하고 치료하는 프로그램들도 부쩍 늘었다. 아마 서양에서 그런 프로그램들이 크게 호응을 얻어서 그런가 보다. 이제는 가정 안에서 일어나는 문제를 다른 사람에게 고백하고 정면으로 마주하는 용기 있는 사회가 되어간다는 희망이 들기도 한다.

그런 프로그램까지 가지 않더라도 한국사회 곳곳에서 가장들의 시름 섞인 진정한 고백을 들을 수 있다. 가정 안에서 자기가 작아지는 것 같아서, 약해 보이는 듯싶어서 더 크게 호통치고 심지어 주먹까지 휘두른다는 아버지들 말이다. 특히 자식들이 조금만 자기 말을 어겨도 그 행동이 가장이라는 지위자체를 송두리째 부정하는 느낌을 지울 수 없다는 말들을 많이 하더라.

나는 감히 대한민국 아버지들에게 제일 먼저 외치고 싶다. 공

애들아,
그래도
사랑한다

부를 잘하건 못하건 체격이 크건 작건 성격이 좋건 나쁘건 대부분 자식들에게 있어 아버지는 '무서운 사람'이다. 특히 어린 시절에는 백발백중 더 그렇다. 자녀들이 아버지를 쉽게 본다는 생각은 자기 피해의식이 낳은 착각인 경우가 더 많다. 아이보다 훨씬 더 큰 어른이지만 어른 노릇을 못하는 순간을 만들지 말아 달라고 간곡하게 부탁하고 싶다. 얼마나 무서우면 동년배 사이에서는 강심장이라고 혹은 일진이라고 알려진 아이들까지도 그 앞에서는 대들지 못하고 애꿎은 학교에 와서 공포를 풀어 놓겠는가?

어른이 된다는 건, 관심을 가지고 주위를 살피는 넓은 시야를 갖는다는 말이다. 내가 중학생으로서 학창시절을 보낼 때 학교는 군대와 비슷했다. 도태하는 아이들은 가차 없이 실패자로 낙인찍히고 교사들은 학생 개개인보다 반 전체를 다스리는 일제 시대 방식으로 교육했다. 이때 한 은사님은 내게 직접적인 사람 대 사람으로서의 관심을 보여 주셨다.

〈완득이〉라는 영화에 나오는 교사는 완득이라는 학생을 볼 때마다 그곳이 어디든 "어이, 완득아." 하고 크게 부른다. 수업 중에도, 복도에서도, 화장실에서까지 아는 척을 한다. 처음엔 완득이는 엄청 귀찮아하지만 나중에 그 교사의 진심을 알고 깊게 감명받는다.

나의 경우도 비슷했다. 나는 항상 수업에 집중하지 못하고 노트에다가 기관총, 대포, 탱크 등의 무기 그림들이나 욕설 섞인 의미 없는 말들을 낙서하기 바빴다. 그럴 때면 다가오셔서 "어이, 박용호! 오늘은 또 뭐 그렸냐?"라며 나에게 관심을 가지고 말을 걸어 주셨다. 또 복도에서 마주칠 때에도 "이야, 박용호 키 많이 컸네. 요즘도 동전치기하고 애들 돈 뺏고 그러는 건 아니지?"라고 장난스럽게 말을 건네시기도 했다. 이러한 선생님의 관심 속에 나는 내가 더 이상 소외되거나 하찮게 여겨지는 학생이 아니라는 느낌을 받을 수 있었다.

나 또한 학교에 강연을 다닐 때면, 아는 학생들을 심심치 않게 자주 마주친다. 사실 강연을 다니는 동안에는 식사는커녕 화장실 갈 시간이나 옷 갈아입을 짬도 없을 때가 많다. 그렇게 바빠 이동할 때면 솔직히 멀리 보이는 학생들은 지나치고 싶은 마음도 든다. 하지만 난 어떻게든 시간을 쪼개 그들에게 이름을 불러 주면서 말을 건다. 왜냐하면 스승이 가진 관심 속에 자신이 속해 있다는 느낌이 얼마나 어린아이들에게 중요한지 알기 때문이다.

그때 은사님께서 보여 주셨던, 생전 처음으로 받아보는 따뜻한 관심과 배려. 다른 사람이 나를 소중하게 생각하고 믿어 준다는 신뢰는 나 또한 다른 급우들을 바라보게 되는 계기를 만들어 주었

애들아,
그래도
사랑한다

다. 그러면서 내가 나 자신을 소중하게 여기지 않았기 때문에 다른 아이들도 함부로 괴롭힐 수 있었다는 사실을 깨달았다. 만약에 그 선생님이 나에게 보였던 따뜻한 마음을 나도 품을 수 있었다면 그렇게 행동하지 않았으리라.

어른이 된다는 것은 현실에만 급급하지 않는 것이다. 나는 은사님의 정신적 지도를 받아 유도를 전공한 이후 체대에 진학했다. 얼마 지나지 않아서 군복무를 시작했는데 이때가 내 인생을 결정 짓게 되는 중요한 시기였다. 소위 백골단이라고 불리는 경찰 특수기동대에서 복무하면서 '제대한 뒤 졸업해서 무엇을 할까'라는 현실적 진로 문제가 마음을 늘 무겁게 짓눌렀다.

아직은 새파란 청년이었으니 미래를 결정하는 기준이 완숙했을 리 없다. 그래서 그냥 백골단 출신은 수시모집에서 더 큰 가산점을 부여받는다는 사실 하나에 매료되어서 경찰관을 지원했다. 큰 포부를 품지 못했던 것이다. 하지만 경찰관 생활을 하면서 사람들의 슬픈 속사정들에 대하여 알게 되었고 언젠가는 이들에게 도움을 주어야겠다는, '또 다른 꿈'을 꾸기 시작했다.

이처럼 청소년과 청년기의 생각으로부터 벗어나려면 삶에 현실만을 두지 말고 다른 이상을 품어야 된다고 생각한다. 한 가지라도 말이다. 만약 내가 진급이나 검거율에만 급급해하는 경찰관이 되었더라면, 변화된 후 새로운 삶을 사는 아이들이 훨씬 줄어들지 않았겠는가? 또한 현실과 이상을 함께 놓는다는 것은 일터와 개인생활을 확실하게 구분하는 데서 시작한다.

삶이 일에만 매몰되어서는 안 된다. 개인생활을 공적 부분만큼 소중하게 여기고 그 시간에 보람 있는 이상을 실천하는 어른이 되어야 한다. 그러기 위해서는 나나 내 가정 그리고 내 일만을 위한 것이 아닌 다른 활동을 모색해 보아야 한다. 그것이 따뜻한 기사에 좋은 댓글을 다는 작은 일이건, 본격적으로 자원봉사를 하는 큰 결심이 필요한 일이건 관계없다. 중요한 본질은, '나는 개인생활에서 무엇을 하고 있는가'를 끊임없이 스스로에게 묻는 태도다.

어른이 된다는 건 자기가 아이들에게 어른으로 보인다는 사실을 분명하게 깨닫는 거다. 선생님들 또한 마찬가지다. 교권이 바닥으로 떨어졌다고 온갖 신문이나 방송에서 떠들어대는 요즘이다. 사실대로 말하자면 나는 그런 현상이 달갑지는 않다. 교사들이 그런 기사에 더 위축되어서 '우리는 이미 힘이 없는 어른들이구나.'라고 스스로를 생각하는 상황들을 종종 목격하기 때문이다.

드물게 열등감과 히스테리에 시달리다 학생들을 마치 어른, 심지어는 적 취급까지 하는 교사들도 보았다. 그래 가지고는 학생들과 끝없는 감정싸움을 벌이느라 교사도 학생도 모두 크게 상처 입

애들아,
그래도
사랑한다

는 결과만 낳는다. 그건 다 자신을 더 큰 사람으로 생각하지 못해서 생기는 현상이다. 학생들 앞에서 잔뜩 주눅 들어서 올바르게 교육시키지 못하는 교사들도 모두 마찬가지다. 스스로를 어른이라고 인식했으면 어떻게 같은 어른도 아닌 청소년 앞에서 작은 모습을 보이겠는가?

물론 우리나라 선생님들의 근무 환경이 열악함을 알고 있다. 다른 OECD국가들에 비하여 압도적으로 많은 학생 수. 그에 비해 적은 수입. 게다가 절반은 교직원 역할까지 담당한다. 다른 선진국이나 신흥국들은 교사와 교직원이 더욱 엄격히 분리되어 있다. 미국이나 유럽의 많은 나라들에서는 등굣길 교문 단속을 전문 보안 직원들이 담당한다. 수업이 끝나서 교사와 학생들이 교실을 나간 뒤 외주 업체에서 파견한 환경미화원들이 청소를 담당한다. 시험출제와 채점은 외부 기관들이 대행해 주는 경우가 많다. 거의 교사 잔업무가 줄어드니 핵심 업무에 집중할 수 있다는 말이다.

하지만 우리나라 선생님들은 이런 혜택 없이 오랜 세월 희생해 가며 인재들을 길러왔다. 내가 소수, 아니 극소수 교사들에 대해 직언을 날렸으나, 그분들도 지금 잠시 지쳐서, 혹은 처음 열정에 상처를 입어서 그러시는 거라고 믿어 의심치 않는다.

나중에 조금 더 길게 이야기하겠지만 학생들 처우문제를 무슨 귀찮은 숙제처럼 취급하는 교육공무원들도 그렇다. 더 어른인 내가 더 약한 아이들을 이끈다는 생각이 없을 때 그저 하루하루 앞가림에만 급급한 어린애 같은 모습을 보이게 되는 것이다.

직언을 하자면, 이 사회가 어른이 되지 못한 어른 투성이다. 나이가 더 많고 체격이 더 큰 데에서 끝나는 것이 아니라 가슴이 더 넓은 사람이 어른이다. 아이들 모습 속에서 과거 자신이 아이였던 시절을 기억하고 공감할 수 있는 포용력. 그리고 거기에서 끝나는 것이 아니라 앞으로는 어떻게 해야 한다고 자신 있게 제시할 수 있는 당당함. 그리고 무엇보다 끝까지 이끌어 주는 따뜻한 가슴이 있어야 비로소 아이들 앞에서 어른이라고 자부할 자격이 생긴다.

| 애들아,
| 그래도
| 사랑한다

제2장

형사로 어두운 거리에 서서

1. 범죄자는 태어나는 게 아니라 길러진다
2. 얘들아, 너희들 잘못이 아니야
3. 상대가 아파하는 줄 몰랐다고?
4. 그 무엇보다 인성교육이 먼저다
5. 학교에 간 형사

1. 범죄자는 태어나는 게 아니라 길러진다

꽃 심은 곳은 꽃밭이 되고 아무것도 심지 않은 채 방치한 곳은 황무지가 된다. 내 확실한 생각이자 고등학교 시절 은사님의 가르침이기도 하다. 어린 시절부터 청소년기까지 내 주위환경은 정말 암울하기만 했다. 아버지의 폭력은 시간이 갈수록 더 심해졌고 가난했던 집안 사정 때문에 사회에서 건사할 재료는 내 몸뚱이 하나뿐이었다. 대학에 진학하기 위해 시작했던 유도 때문에 주변에는 머리 좋고 성격 좋은 애들이 아니라 싸움 잘하고 거친 놈들만 넘쳐났다.

그 와중에 항상 나를 예의주시하며 시도 때도 없이 혼냈던 선생님이 한 분 계셨다. 어찌나 눈썰미가 예리한지 내 학교생활은 그분 눈치 보는 일로 시작해서 그분 눈치 보는 일로 끝났다. 어쩔 때는 내가 나쁜 생각을 먹으면 귀신처럼 곧바로 알아차리시는 게 아닌지 의심이 들 정도였다. 매도 많이 맞았지만 그 선생님은 체벌할 때 철칙이 있었다. 절대로 마구잡이로 때리지 않고 안전한 자세로 엎드리게 해서 몽둥이로 엉덩이만 두들겼다. 덕분에 운동하는 데에는 전혀 지장이 없었다. 부상을 입지 않았기 때문이다.

내가 전국 강력범 검거 1위를 기록했을 때 신문에 기사가 실렸다. '유도인 출신 형사 검거왕에 오르다.'라는 타이틀이었다. 그러고 나서 얼마 안 있다가 어느 날 식당에 밥을 먹으러 갔다. 그런데 어떤 나이 지긋한 중년 신사가 나를 부르는 것이 아닌가? 바로 그 은사님이었다. 그분을 눈으로 바라보는 것만으로도 엉덩이가 욱신거리는 착각이 들어서 나중에 한참 웃었던 기억이 난다.

유능한 경찰로서 이름을 알리게 된 것을 축하하는 은사님께 여쭤 보았다. 왜 그때 나에게 그런 관심을 두셨느냐고.

"범죄자는 원래 그렇게 태어나는 게 아니라 그렇게 길러지는 거다. 네가 처한 환경대로라면 너는 범죄자가 됐을 거야. 나는 그 길이 옳지 않다고, 지금 네 인생 주변에 뿌려지는 건 그저 똥에 불과

애들아,
그래도
사랑한다

하다고 말해 주는 사람이 옆에 있다는 걸 기억시키고 싶었어."

주변이 아무리 어둡더라도 한 줄기 밝은 빛이 있으면 그 빛을 따라갈 수 있다. 내게 빛이 되어 주신 분이 바로 그 은사님이다.

인정할 수밖에 없었다. 형사 생활 동안 겪은 일이 많아 더 잘 알고 있다. 범죄자가 있는 가정에 또 다른 범죄자가 탄생할 확률이 높다. 내가 잡았던 범죄자의 형제나 자녀가 범죄를 대물림 받아 나에게 잡혀 온 사례가 허다하다.

아이들은 어른들이 어쩌고저쩌고 말로 늘어놓는 설교보다 그들의 하는 행동을 더 따르고 배우기 때문이다. 어린 시절에는 주체성이 아직 형성되지 않아 롤모델을 바라보고 닮는 시기라는 사실을 많은 사람들이 잊고 산다. 분명 알아야 한다. 아이들에게 말로 쏟아놓는 변명은 통하지 않는다는 사실을. 그런데 무엇보다 범죄자를 길러 내는 가장 큰 주범은 '무관심'이다.

나는 강연도중에 무관심이라는 현상이 얼마나 치명적인 악덕인지 누차 강조한다. 요즘 교실에서, 가해자도 피해자도 아닌 중간 계층 아이들이 이 무관심이라는 불치병에 깊게 물들어 있기 때문이다. 이 현상은 어른 사회와도 많이 닮아 있다. 특히 반장이나 부반장처럼 모범생이라고 불리는 아이들의 무관심도 심각하다.

범죄자는 그렇게 태어나는 게 아니라
그렇게 길러지는 거다.
네가 처한 환경대로라면
너는 범죄자가 됐을 거야.
나는 그 길이 옳지 않다고,
지금 네 인생 주변에 뿌려지는 건
그저 똥에 불과하다고
말해 주는 사람이 옆에 있다는 걸
기억시키고 싶었어.

나는 '학교 폭력의 가장 큰 조력자'가 될 수 있는 아이들이 학급 임원들이라고 주장한다. 왜냐하면 가해한 학생들의 횡포에도, 피해자들의 아픔 섞인 비명에도 귀 기울이지 않는 경우들이 허다하기 때문이다. 임원이라는 권위는 교사와 아이들을 연결해 줄 수 있는 유일한 공식적 통로다. 하지만 학교는 그 권위의 소중함을 제대로 교육하지 않는다. 아이들은 가해자들이 무서워서 그럴 수 있다고 치자. 교사들의 무관심은 어떻게 설명할 것인가?

'저놈은 가정이며 친구들까지 다 저 모양이니 저렇게 살다가 가겠지.'라는 안이한 생각. 나 살기 바쁜데 괜히 피곤한 상황에 휘말리기 싫어하는 비겁한 심리. 한두 번 훈계해 보았다가 안 되면 곧바로 포기하는 종잇장 같은 나약함.

이러한 모든 것들이 다 무관심이라는 한 단어로 압축된다. 똥을 치우고 꽃씨를 뿌리려는 사람들이 없기에 아이는 어느 새 범죄자로 길러지기 시작한다.

지금 생각해 보면 나의 은사님도 참 피곤하셨을 것이다. 이리저리 속여 가면서 나쁜 짓 하는 애들에게 관심 갖는 일이 어디 유쾌하던가? 마음고생깨나 하셨으리라. 하지만 최악의 환경에 속수무책으로 노출되어 길러진 나를 다른 방향으로 이끌어 주신 그분이 계셨기에 나는 다른 삶을 살게 되었다.

이제 내가 만났던 청소년 범죄자나 세상에 알려진 유명 범죄인들에 관한 이야기를 하면서 가정 내에서 배운 잘못된 본보기와 사회적 무관심이 얼마나 사람을 잘못 이끄는지 얘기해 보려 한다.

2
애들아, 너희들 잘못이 아니야

정말 웃기다. 범죄를 저지른 사람이 경찰에 의해 경찰서에 잡혀 오고 나서 제일 먼저 속마음을 털어놓는 사람은 바로 경찰이다. 그래서 형사는 범죄자를 박 터지게 잡아놓고 다시 어르고 달래야 되는 피곤한 상황에 자주 처한다.

사정이 그러니 숨겨졌던 여러 가지 가정사를 본의 아니게 듣고 알게 된다. 많은 범죄자들이 어렸을 때부터 공통적으로 들어 왔던 말들이 있다.

"너는 원래 나빠."

"너는 뭘 해도 안 될 놈이야."
"네 말 따위는 들을 가치도 없어."

그들이 대체로 이런 근거 없고 감정적인 억압을 자주 받았다는 사실을 알게 되었다. 어린 아이는 그런 말을 듣게 되면 폭언을 퍼부은 어른 잘못인데도 자기 탓으로 돌린다. 그리고 수긍해 버린다. 이 얼마나 심한 인권유린인가?

가장 티 없이 맑은 마음을 이처럼 악용할 수 있단 말인가? 그러니 '나는 원래 나쁜 놈'이라는 생각이 굳어지고 정말로 나쁜 짓을 저지르게 된다. 유흥과 환락의 거리에 나오면 자기랑 똑같은 동료 투성이니 그 생각은 더욱 굳어져만 간다.

인천에서 가장 살벌한 청소년 폭력조직에서 소위 '짱급'이라고 불리는 아이들과 이야기하면서 크게 놀랐던 적이 있다. 그 아이들은 바로 앞에 경찰, 판사, 예수님, 부처님, 우주 대마왕이 나타나도 주눅 들지 않을 것처럼 배짱을 부린다. 그런데 이런 아이들은 정작 자기 자신을 존중하지 않는다. 한 마디로 자존심 하나 빼면 시체일 거라 생각했는데 알고 보니 스스로를 전혀 소중하게 생각하지 않더란 말이다.

이놈들이 떼를 지어 몰려다니면서 나쁜 짓을 일삼는 심리가 이

"소년보호재판을 받은 소년 상당수는
가정과 학교에서 이탈해
꿈과 희망을 잃기 일쑤입니다.
이들이 자포자기의 상태로 생활하며
재범에 이르는 안타까운 일이 빈번합니다."

_ '드림 슛 행사' 주관 이의영 인천지법 공보판사

해되는 대목이다. 자기 혼자 있는 시간이 너무 불안하니까 동료가 없으면 안 되는 거다. 혼자 공부하고 운동하거나 무언가를 배우고 정진하는 일이 불가능해진다. 자연스럽게 친구가 자기를 어떻게 생각하는지가 스스로를 판단하는 기준이 되어 버린다. 부모나 형제, 교사들을 필두로 한 어른들은 무조건 실패자 취급하니 어찌 보면 당연한 일이다. 그런데 '너 잘났다'는 평가를 받기 위해서 어떻게 해야 하는가?

그 아이들은 사랑도, 존중도 받은 적이 없다. 더 나아가서 스스로를 소중하지 않다고 생각한다. 그러면 남들보다 '살벌하고 잔인한' 사람이 되는 수밖에 없다. 좋게 존경받기를 진즉에 포기했으니 나쁘게 악명을 떨치는 경로만 남게 되어 버렸다. 마음만 바꿔 먹으면 충분히 밝은 세상 쪽 좋은 평가를 받을 수 있는데도 말이다.

많은 사람들이 잘못 알고 있는 사실이 있다. 나는 끈질기게 그 편견을 꼬집고 공격한다. 퇴학생들이나 불량 청소년들은 꿈이나 희망이 없으리라고 짐작하는 것이다. 사회적 성공을 위한 야망은 더더욱 없을 것이라고 생각한다. 하지만 오히려 반대다. 이 아이들은 깡패가 되어서라도 요부가 되어서라도 자기를 강한 존재로 드러내고 싶어 한다. 그런 험한 일을 견뎌 낼 정도로 강한 심장을 가졌으면 남들이 박수치는 좋은 일은 왜 못하겠냐며 고개를 갸우

뚱거리는 사람들도 있다. 대답은 간단하다. 자기들은 존경받을 만한 가치는 없는 존재라고 생각하니까 악명을 선택한다.

 이 사회가 야망에 관한 잘못된 기준을 가지고 있는 점이 큰 문제다. 도덕적인 정당성, 다른 사람을 살피는 배려 등을 성공의 기준에 포함시키지 않는, 물질만능주의 때문이다. 많은 돈은 못 벌더라도 성실한 사람들이 대접받지 못하는 세상, 자원봉사나 지역사회공헌 등을 평가기준에 포함시키지 않는 입시제도. 이러한 구조적 현상들이 그 경향을 가속화시킨다. 인터넷 세상도 조회 수를 높이기 위해 무언가를 가진 사람들만을 소개하려고 애쓴다.

 명품 가방을 사기 위해 절도를 저지르고 입건되었던 한 여학생이 있었다. 그 아이는 화려한 뉴욕 여성들의 삶을 그린 드라마를 즐겨 보았다고 한다. 그러면서 그 드라마 팬 사이트에서도 열성적으로 활동했다고 고백했다. 동시에 다른 동호회 여성들이 명품 옷이나 가방 등으로 치장한 모습에 큰 심리적 위축감을 느꼈다고 토로했다. 또한 인터넷에 항상 얼짱, 재벌, 유명 연예인들이 키워드로 등장하는 현상을 보면서 더욱 큰 사회적 박탈감을 느꼈다고 했다. 정말 안타까운 일이다. 남을 구하거나 돌봐 준 사람들의 이야기보다 어떤 방법이 되었건 물질적인 가치를 얻은 사람이 대접과

명성을 받는 이 세상 말이다. 그러면 아이들은 자기 마음속에 그 무엇보다 가치 있는 고운 심성이 있음에도 불구하고 물질적으로 부족하다는 이유로 자기 비하에 빠지게 된다.

 어린 시절부터 가정과 학교에서 이런 자기 비하에 길들여진 아이들 생각을 바꾸기는 굉장히 어렵다. 많은 부모들이 자녀들의 어린 시절은 쏜살같이 빨리 지나간다는 사실을 죽었다 깨나도 깨닫지 못한다. 많은 교사들이 자신이 했던 말 한마디가 한 사람 평생을 좌지우지 할 수 있다는 사실을 자꾸 까먹는다. 만약에 당신이 앞에 선 아이에게 '너는 안 될 놈이야.'라고 무심히 말하고 있다면 당신은 미래의 범죄자를 양성하고 있는 것인지도 모른다.

애들아,
그래도
사랑한다

3
상대가 아파하는 줄 몰랐다고?

사이코패스라는 단어가 무슨 유행어처럼 쓰이는 시대다. 영화, 소설, 만화처럼 상상해서 만드는 매체뿐만 아니라 뉴스나 시사 프로그램에서도 연일 사이코패스, 사이코패스 거린다. 불과 10년 전까지만 하더라도 경찰관계자나 범죄 관련 전문가가 아니면 말하거나 들을 일 없던 단어를 보통 사람들까지도 안다는 사실이 참 슬프다.

사이코패스. 다른 사람이 느끼는 감정을 함께 느낄 수 없는 사람을 뜻한다. 이들은 미친 사람들이 아니다. 굳이 표현하자면 눈이 안 보이거나 귀가 안 들리거나 팔다리가 없는 것처럼 '마음이

사이코패스는 다른 사람이 느끼는 슬픔이나 아픔을 살펴보고
이해하려하지 않는, 현대사회에 들불처럼 번지는 재앙이다.

없는 사람들'이다. 하지만 자기가 하는 행동이 범죄라는 것도 알고 그런 짓을 하면 벌을 받는다는 사실도 안다. 어쩌면 충분히 정상이 될 가능성도 있다는 뜻이다. 모든 사이코패스들이 다 살인자가 되지는 않는다는 연구결과도 있다.

우리는 연일 쏟아져 나오는 끔찍한 사이코패스 살인범들의 기사를 보고 극단적인 경우만을 생각한다. 그래서 나와는 상관없는 외계인 같은 인간들이 저지르는 딴 세상일처럼 치부해 버린다. 그런데 사이코패스 문제는 절대로 한 사람만의 문제가 아니다. 사회에 독버섯처럼 넓게 퍼진 공감부재를 여실히 보여 주는 증거라고 할 수 있다. 다른 사람이 느끼는 슬픔이나 아픔을 살펴보고 이해하려하지 않는 현대사회에 들불처럼 번지는 재앙이 바로 사이코패스인 것이다.

살림살이가 각박해지면서 부모들이 아이들 고민을 제대로 들여다보지 않기 시작하면서 그 씨앗은 싹을 틔운다. 문제를 안고 있는 아이들이 있는 그대로 학교로 나오니 그렇지 않아도 무한경쟁시대 속에서 공부를 가르치는 일에 치이는 교사들에게 외면받는다. 재앙은 더 커지는 것이다. 사회에 나오면 말 그대로 무한경쟁시대라는 정글 속에 던져

지는데 그때서야 누구에게서 공감을 얻겠는가?

이제 두 살인자 이야기를 하려고 한다. 하나는 우리나라, 다른 하나는 미국의 사례다. 성장배경도 직업도 모두 달랐지만 안고 있는 문제가 같았다는 사실에 주목하면서 읽어 주기 바란다.

기억하고 있는 사람들은 아직 생생하게 떠올릴 충격적인 사건. 1991년 여의도 광장 자동차 살인사건에 관하여 말해 보고자 한다. 김용제라는 사람이 자기가 일하던 공장 사장의 자동차를 훔쳐 타고 달아난 뒤에 여의도 광장으로 돌진했다. 하필 그날은 날씨도 화창해 가을날을 즐기며 자전거를 타던 어린아이들이 많았다. 시속 100km로 달리는 자동차에 2명이 죽고 21명이 다쳤다. 너무 안타깝게도 사망한 아이들은 각각 다섯 살, 열두 살된 어린이였다. 다친 아이들 또한 열 살도 안 된 꼬마들이 많았다.

악마가 저지른 짓이라고 말할 수밖에 없다. 그때는 지금처럼 '묻지 마 살인'이 자주 일어나던 시기도 아니어서 많은 사람들이 충격에서 헤어 나오지 못했고 김용제는 역겨운 인간 말종처럼 취급되었다. 하지만 범인 김용제가 살아 온 어린 시절이 언론에 공개되면서 여론이 술렁였다. 사실 그가 시력이 거의 없는 장애인에 가까운 데다가 상상 이상으로 불우했던 유년기를 보냈기 때문이다.

청각장애인인 아버지와 시각장애인인 어머니 사이에서 태어난 김용제에게도 심각한 장애가 있었다. 눈이 거의 보이지 않는 상태로 태어난 것이다. 그나마 의사소통이 더 쉬웠던 어머니가 자주 가출을 하는 바람에 김용제는 자기 상태를 세상에 알리기가 어려웠다.

부모님이 학교에 장애를 알릴 수 없었으니 교사들은 왜 김용제가 칠판이나 책을 보려하지 않는지 이해할 수 없었다. 자연스레 야단맞는 일이 잦아졌고 친구들로부터 '왕따'를 당했다. 정말 슬펐던 것은 교사가 오히려 '애들이 왕따시키면 정신 차려서 공부하겠거니.'라고 생각했다는 사실이다. 만일 학교에 있었던 사람들이 그가 너무 가난해서 안경 살 돈도 없었다는 사실을 알았다면 어땠을까?

결국 어머니는 영영 집을 나가 버렸고 얼마 지나지 않아 아버지는 농약을 마시고 자살했다. 공감을 얻을 수 있는 가정이 영영 사라져버렸다. 학교를 졸업할 때까지 김용제가 겪는 아픔을 들여다보려는 사람은 없었다. 사회에 나와서도 마찬가지였다. 학력이 낮았던 그가 할 수 있는 일은 육체노동뿐이었다. 하지만 공장에서도 그가 가진 장애를 이해해 주려는 사람은 없었다. 1년에 다섯 번씩

해고를 당했다. 그러니 김용제 또한 '원래 사람은 사람에게 무심하다.'는 비뚤어진 생각을 키우게 되었다.

어떻게 보면 사이코패스 사회가 사이코패스를 키운 셈이다. 결국 김용제는 사형에 처해졌다. 사형제도가 옳고 그른 것을 떠나서 분명히 죄를 지었으니 벌을 받는 게 마땅하다. 하지만 우리는 이 모든 비극이 김용제 한 사람만의 탓이라고 쉽게 말한 뒤 마침표를 찍는다. 과연 옳은 일일까?

형사들은 수사할 때 꼭 '첫 사건을 주목하라'는 지침을 받는다. 처음 사건이 왜 일어나게 됐는지 어떻게 진행됐고 무슨 결과를 낳았는지 쭉 살펴보면 답이 나오기 때문이다. 확실한 교훈도 얻을 수 있다.

인류 역사에 기록된 첫 교내 총기 사건은 1966년 텍사스 대학에서 일어났다. 범인은 중산층 가정에서 자라난 찰스 휘트먼이라는 사람이었다. 기가 막힌 건 우리나라 김용제와 달리 별로 부족함 없는 번듯한 가정에서 올바르게 교육받은 모범생 스타일이었다는 점이다. 해병대에 지원한 애국 청년으로서 군대 생활도 잘 마치고 대학에서 성실하게 공부하는 중에 사건이 터졌다.

자기가 모을 수 있는 총이란 총은 죄다 긁어모은 다음에 제일

애들아,
그래도
사랑한다

먼저 어머니를 죽이고 집을 나섰다. 그다음에 대학 옥상으로 올라가서 놀이공원에서 장난감 인형 쏘듯 사람들에게 총을 갈겨 댔다. 15명이 죽고 31명이 다쳤다. 용감한 경찰들이 목숨을 걸고 쳐들어가서 진압하지 않았다면 언제까지 계속 사람을 죽였을지 모를 일이었다.

사람들이 얼마나 큰 충격에 빠졌겠는가? 사소한 전과 하나 없던 모범 청년이 그런 말도 안 되는 사고를 쳤으니 말이다. 그런데 더 충격적인 것은 그 일을 저지른 학생의 아버지가 보인 태도였다. 아무 감정 없이 책을 읽는 것처럼, 남의 일 대하듯 너무나 무덤덤한 인터뷰 모습이 포착된 것이다. 아니, 남의 일이어도 그렇게 무던할 수는 없었을 것이다. 게다가 그 학교의 선생님들 또한 아무 공감 없이 기계적으로 인터뷰를 했다.

나중에 알고 보니 이 아버지도, 교사들도 인근 지역에서 남의 감정에 별로 공감하지 못하는 냉정한 사람들이라는 평가를 받아 왔었다. 휘트먼 또한 어린 시절부터 어머니에게 그것에 대한 불만을 자주 털어 놓았다고 한다. 공감하지 못하고 냉담한 아버지와 교사들에 관해서 말이다.

이번에는 결국 어린 나이에 체포된 두 청소년 범죄자에 관한 이야기를 하려고 한다. 섬뜩하게도, 비슷한 사례들은 얼마든지 많다.

　학교에서 A군의 별명은 터미네이터였다. 자기가 때리는 피해자들이 아무리 울고 불며 애원해도 눈 하나 깜짝하지 않는 냉혹함 때문이다. 그리고 자기가 누군가에게 맞을 때에도 신음소리 한번 제대로 내지 않았다. 상습적으로 학교 폭력을 휘두르던 A군은 퇴학과 동시에 수갑을 차는 신세가 되었다. 그놈을 조사하던 형사들은 놀랄 수밖에 없었다. 이놈이 당최 다른 사람의 슬픔이나 아픔을 전혀 느끼지 못하는 것이었다.

　어린 시절을 어떻게 보냈는지 살펴보니 답이 나왔다. 아버지와 어머니, 둘 다 A군을 심하게 학대했다. 온갖 욕설과 폭력은 물론이고 A군이 심하게 아파도 한 번도 보살펴 주는 법이 없었다. 아무리 아프다고 소리 쳐도 부모는 아랑곳하지 않았다. 그러니 다른 사람이 겪는 고통을 함께 느끼는 사람으로 성장할 수 있겠는가? 그 부모가 다른 사람이 호소하는 외침에 반응하는 모범을 보였다면 A군은 완전히 다른 사람으로 성장하지 않았을까?

　다른 환경에서 자라난 B군 이야기를 해 보자. 어린 나이에 연쇄 성폭력 및 도촬(도둑 촬영)로 입건된 기가 막힌 사례다. 겉보기에는

멀쩡하다 못해 귀티가 난다. 사업가인 아버지와 의사인 어머니 사이에서 부족한 것 없이 컸다. 부모 양쪽 다 사람들 앞에서는 사교성이 뛰어나고 친근한 이미지로 인기가 많았다. 하지만 가정교육은 형편없다 못해 사악하기까지 했다. B군이 학교에서 다른 사람을 배려하는 법이나 양보하는 사고방식 등을 배워 오면 부모는 곧바로 제동을 걸었다.

"그런 건 책에나 있는 이야기야. 현실은 완전히 달라."
"다른 사람 입장을 생각할 필요 없이 네 입장을 먼저 생각해야지."
"겉으로는 웃어도 속으로는 항상 네가 얻을 이익만 생각해라."

환장할 노릇이다. 이건 거의 부모가 사이코패스가 되라고 등을 떠미는 꼬락서니입니다. 결국 B군은 동년배 여학생들을 웃는 얼굴로 유인해 강간한 뒤 핸드폰으로 영상을 찍어서 입만 뻥긋해도 인터넷에 풀어 버리겠다고 협박을 일삼았다.

조사과정에서 B군은 의미 있는 말을 털어 놓았다. 피해 여학생들이 고통스러워하는 모습을 보면서 양심의 가책을 느끼기도 했지만 결국 나도 모르게 나만 좋은 대로 결정하게 되더라고 진술

애들아,
그래도
사랑한다

했다. 어찌 보면 당연하지 않은가? 부모가 마음속에 사이코패스가 되라는 자동시스템을 만들어 놓았는데 달리 어떻게 행동했겠는가?

내가 어렸을 적에 사람들은 대개 먹고 살기 위해 범죄를 저질렀다. 요즘으로 치면 생계형 범죄다. 그것도 당연히 틀린 것이고 어떤 핑계도 될 수 없다. 그 논리대로라면 가난한 사람들은 다 도적놈이 되어야 한다는 말인가? 하지만 요즘 잡혀 들어오는 청소년 범죄자들을 보면 이런 사이코패스적 범죄가 많다. '마음이 고장 나서 저지르는 짓'들 말이다. 우리가 훨씬 더 찢어지게 가난했던 시대, 빈곤층이 전체인구 70%를 넘어가는 시대에도 가정교육은 항상 엄숙했다. 자녀에게 다른 사람을 배려하는 미덕에 대해서, 그리고 다른 사람이 보이는 감정이나 표현들을 세심하게 살피라고 교육했다.

그것이 예절 아닌가? 아무리 살림살이가 각박해도 말이다. 하지만 어느 정도 먹고 살 만해지니 더 잘 먹고 더 잘 입는 것이 무슨 지상최대 과제가 됐다. 남들보다 한 뼘이라도 더 높게 올라가려는 그 욕심이 무한 반복되다 보니 남 따위는 살필 겨를도 없다. 주위 사람들을 외면하고 더 나아가서 밟고 지나간 다음에 얻은 이익들이 무슨 의미가 있는가?

　학교폭력을 다루게 되면서는 더욱 골치 아프다. 생각과 달리 아이들이 보이는 반응이 갈수록 요지경이기 때문이다.

"그게 잘못된 거였어요? 진짜 몰랐어요."
"상대가 저렇게까지 아픈 줄 몰랐죠."
"그냥 약한 새끼라 엄살인 줄 알았는데……. 자살까지 할 줄 몰랐어요."

　이런 심각한 인간성 상실 문제는 가정에서건 학교에서건 일 순위로 아니 영순위로 중요하게 다뤄야 되는데 아예 생각조차 안 하고 있으니 어떤 특효약이 있겠는가?
　그러면 대체 진정한 인성 교육은 어디에서 받아야 하나?

그 무엇보다 인성교육이 먼저다

청소년들이 문제를 일으킬 때마다 우리는 너무 쉽게 가정교육 운운한다. 나는 가정교육이라는 신성한 영역을 아무렇게나 불러대는 모양새가 보기 싫다. 심각한 문제를 '가정교육'이라는 애매모호한 개념에 붙여 버린 뒤 흐지부지 묻어 버리려는 치사한 처사로 생각되기 때문이다.

그렇다. 교육 중 으뜸인 인성교육이 시작되는 곳은 가정이다. 하지만 가정, 아이, 학교가 삼각편대를 이루어서 돌아가지 않는다면 효과를 발휘하기 어렵다. 하지만 가정과 아이와 학교가 가지는 문제에 대해선 서로 책임을 떠넘기고 있다. 불길하게도 이러한 현상은 앞으로 더 심각해질 것만 같다. 가정은 학교에, 학교는 거꾸로 가정에 자꾸 인성교육을 미룬다.

　인성교육은 가정에서 시작한다면서 무조건 부모 탓으로만 돌리려는 사람들에게 묻는다. 부모가 전문 교육자인가? 또 부모가 하루 종일 애만 보며 교육시킬 처지인가? 특히나 우리나라는 학교에서 보내는 시간이 전 세계에서 가장 많다.

　그다음으로 학교에서 공부만 가르치지 말고 인성교육을 신경 써야 한다는 사람들에게 묻는다. 국, 영, 수 같은 주요과목 시수를 줄이고 인성교육 시간을 넣으면 항의가 빗발친다. 현실적으로 한 명의 교사가 수십 명이나 되는 학생들의 인성까지 살피는 것도 불가능하다.

　공교육 제도에서는 당연히 교육, 다시 말하면 좋은 성적이 우선이다. 이것이 학교에 청소년 문제 해결을 기대할 수 없는 지점이다. 아이들의 정신적·신체적 건강보다는 시험 성적을 더 중요하게 생각한다. 성과제일주의 대한민국에서 당연하게 나타날 수밖에 없는 현상이다.

　그러다 보니 교사들은 점점 자기가 가르치는 과목이나 학교에서 주는 임무를 성실하게 수행하는 데 집중하게 된다. 상황이 이런데 학교에 인성교육을 요구한다는 것도 참 웃기는 이야기다. 이런 상황을 잘 모른 채 학교에다가 무조건 '일단' 아이를 떠맡기려고 하는 부모들이 종종 있다. 주요과목 기막히게 가르쳐서 수능 점수 꽉꽉 올려 좋은 대학 보내라면서 애까지 올바르게 키워 달란다.

그렇다고 요즘 시대 가정이 달라졌다는 걸 모르는 바도 아니다. 경제가 어려워진 건 둘째치고라도 부부가 모두 벌이에 뛰어들어야 하는 현실 속에서 '열 스승보다 나은 한 명의 어머니나 아버지'가 되어 주기는 어렵다. 특히 가면 갈수록 예민해지고 그놈의 인터넷 세계 때문에 머리통만 커지는 아이들에게 효과적으로 훈계하기도 어렵다. 우리 세대보다 더 전문적인 가정교육이 필요해진 것이다. 또한 자기 결정권이 중요해진 요즘 이혼가정이나 편부, 편모가정이 늘어났다. 거기다가 대고 '애 인성은 집에서 알아서 하시오.'라고 말할 수도 없다.

그렇다면 해결 방법이 있기는 할까? 나는 청소년 교육지도사를 준비하면서 인성교육이 더 잘된다는 속칭 선진국 사례들을 살펴보았다. 하나 분명하게 못 박아 두는 건 나는 절대로 선진국에서 하는 일이라고 우리나라에 안성맞춤으로 맞다고 생각하지는 않는다. 오히려 어설프게 잘사는 나라들 흉내 내다가 쪽박 차는 사람들이 우리나라 사람들이다. 하지만 좋은 건 배워야 하지 않는가?

"왕따 가해자들을 추적 조사한 연구에 의하면,
성인이 된 뒤 자살률과 범죄율과 실업률이
일반인보다 몇 배나 높습니다.
가해자들은 유치원이나 초등학교 때
이미 '조짐'을 보이는데,
이 단계에서는 왕따를 시키는 아이가
당하는 아이보다 마음의 병이 더 깊을 수 있습니다.
중학생 폭력이 심각하다지만
그땐 이미 문제가 곪아 터진 다음입니다."

_예일대 의대 소아정신과 김영신 교수

선진국의 교육자들이 내린 결론은 '갹출contribution'이다. 쉽게 말해 자기가 가진 것들을 조금씩 내놓아 더 큰 이익을 취하자는 얘기다. 일종의 '더치페이'다. 한 사람이 다 쏘지 말자는 얘기다. 그래서 무슨 계기가 생기면 한 프로그램을 만들어 놓고 가정과 학교에서 조금씩 시간, 노력, 돈을 출자해서 협력한다.

미국의 퍼스트레이디, 미셸 오바마가 앞장서서 시작한 아동비만 퇴치 프로그램을 살펴보자.

미국의 어린이, 청소년들이 햄버거 피자 등 패스트푸드만 먹다 보니 과체중에 비만이 되어 거리에 굴러다니는 지경이 되었다. 어른이 되어서도 정신적·육체적으로 건강하지 못하니 답답하고 안타까운 일이었다. 그런데 이 상황에서도 가정은 학교에, 학교는 가정에 책임을 전가하기만 했다.

"아이가 밖에 나가 있는 시간 대부분을 학교나 학교 근처에서 보내는데 관리를 해 주어야죠!"

"아니, 댁네 아이가 무얼 주워 드시든 우리가 뭔 상관이요."

이래가지고는 많이 드시는 애만 나쁜 놈이 된다. 해결되는 게 아무것도 없다. 이때 문제해결자로 영부인이 나섰다. 그래서 아이가 무얼 먹었는지 일기처럼 쓸 수 있는 책자를 학교에서 발행하게 하고 그걸 부모님이 매일 체크해 보는 '건강 일지 프로그램'을 시작했다. 아이들이 쓰는 돈이야 다 부모에게서 나오니까 영수증 등을 통해 아이들이 거짓말을 할 수 없게 되었고 학교, 학생, 부모가 협력해서 자기반성을 하게 되는 계기가 되었다.

다른 사례로, 독일에서 어떻게 왕따 문제를 해결했는지 살펴보자. 정신과 의사들이나 상담사들이 모인 정신건강협회라는 것이 있다. 이곳에 속한 사람들이 왕따당한 아이의 부모와 선생님을 한자리로 불러 무료 상담을 해 준다. 그 과정에서 부모, 아이, 교사는 각자 자신이 가진 생각을 허심탄회하게 털어놓게 되었다. 그리고 상담사는 전문적인 지식을 동원해 해결방향을 제시했다. 그러다 보니 각자 해야 되는 일을 나누게 되었고 왕따 자살률은 뚝 떨어졌다.

우리에게도 미국의 미셸 오바마나 독일의 상담사들 같은 중재자들이 필요하다. 전문 분야에서 뼈가 굵은 사람들 말이다. 거리에서 범죄자들을 잡아 처넣던 형사인 내가 가정과 학교를 연결해 주는 역할을 하게 된 것도 비슷한 맥락이다. 전문사회가 되어가면서 학교, 아이, 가정의 삼각편대를 잇고 관리해 줄 '사회'라는 새로운 지점이 필요해졌다.

절대로 오해는 없길 바란다. 전문인들이 이 삼각편대에 멋대로 간섭하면서 사각편대를 만들자는 얘기가 아니다. 주인공은 어디까지나 학교, 아이, 가정이다. 조력자는 맛깔스러운 명품조연으로만 남아야 한다. 그렇지 않으면 자기들이 주인공이 아니라고 생각하게 돼서 각자 할 일을 안 하게 되니까. 조연이 없으면 주연이 빛나지 않듯, 삼각편대를 보살펴 줄 또 다른 이름으로 '사회'를 세워야 한다.

나에게 있어 세상은 밤거리와 같다고 했다. 밤거리는 사람들이 감추고 있는 진짜 얼굴을 드러나게 만드는 거울이다. 낮 동안 학교에서, 직장에서 어떤 모습이었건 그것이 완벽한 진실이 아니었다면 조심해라. 밤에는 언제가 되었건 어느 정도가 되었건 드러나고야 마니까. 그렇다고 범죄자가 어디에서 마술처럼 뽕 하고 나타나는 것은 아니다. 오랜 시간 동안 잘못된 시스템이 서서히 키운 비극이다.

지금 당신이 누군가에게 책임을 전가하고 있다면 아까 이야기했던 것처럼 범죄자를 키우는 데 동참하고 있는 것이다. 조금만 각출을 한다면 당신이 더 좋은 세상을 만들 수 있다.

5
학교에 간 형사

10년 전쯤 〈살인의 추억〉이라는 영화가 크게 성공했다. 상담하는 아이들이 많아진 요즘은 녀석들을 더 잘 이해하기 위해 잠자고 식사하는 시간을 쪼개서라도 영화, TV, 만화 등을 본다. 하지만 10년 전에는 어림도 없는 이야기였다. 아내나 아이들과 함께 극장에 가는 두세 시간을 내기가 그렇게 어려운 일이었다. 하지만 직업이 직업인지라 경찰관들이 주인공으로 등장하는 영화들은 주의 깊게 보는 편이다.

〈살인의 추억〉은 배우 송강호가 역할을 맡은 아날로그형 형사, 김상경이 맡은 디지털형 형사, 이 두 경찰관이 주인공으로 등장하는 스릴러 영화다. 두 사람은 만나는 순간부터 티격태격 싸워 대기 바쁘다. 내가 막 신참 형사로 일하기 시작했던 시기가 영화배경인 화성연쇄살인사건 시대와 딱 맞물려서 더 흥미로운 영화였다. 당시는 우리나라가 세계 속에서 막 발돋움하려고 하는 아시안게임 즈음이었다. 구식과 신식이 한 몸처럼 돌아가야 되었던 때라 혼란도 심했고 마찰은 더 심했다.

영화에서 구식형사는 본인의 직감과 탐문식 대화를 최우선으로 하는 수사방법을 썼고 신식형사는 서양으로부터 새로 도입된 과학수사기법을 적용했다. 두 사람 다 고집이 센 성격이라 한 치의 양보도 없었다. 그러니 서로의 방식을 품을 수 있는 가슴속 빈자리가 있을 리 만무하다. 사건 또한 각자의 방식만으로 보려고 하니 해결이 잘 안 되었다.

책이건 영화건 하다못해 무슨 말만 한 마디 들어도 사람은 자기 직업이나 상황에 맞는 부분들을 더 잘 본다. 같은 영화를 보더라도 장사꾼은 돈을, 성직자는 종교를, 경찰은 당시 사건사고를 보게 마련이다. 내가 신식보다는 구식을 디지털보다는 아날로그를 편들어야 하는 상황이어서 그런지 몰라도 송강호에게 더 감정이입이 되었다.

나는 요즘 젊은 형사들에게 항상 남이 주는 대로만 수사하지 말고 넓게 사람 사는 이야기를 보라고 강조한다. 물론 신식 수사방법은 날이 갈수록 더 지능화되는 범죄를 해결하기 위해 반드시 필요하다. 사람을 보이는 그대로 보지 않고 증거나 서류에 맞춰서 생각하는 세련된 방식은 선입견에 사로잡힌 구세대 형사들의 좌충우돌 실수를 날카롭게 꼬집는다. 그는 항상 버릇처럼 "서류는 거짓말 하지 않는다."라고 말한다.

연쇄살인범이라는 생소하면서 거대한 적에 맞서면서 신식형사는 좌절과 한계를 느낀다. 그러면서 책상 앞을 떠나 사람들을 만나기 시작하고 자기가 몰랐던 또 다른 세상이 있었음을 깨닫는다. 서류 속에 '피해자'로 묶인 사람들을 만나면서 그는 범죄 자체뿐만 아니라 아픔을 겪은 사람들을 공감하게 된다.

나에게 정말 인상적이었던 장면은 중학교에 떠도는 목격담을 들으러 갔었을 때의 일이다. 한 여중생이 교련시간에 살짝 다치게 되는데 상처가 등 쪽이라 형사가 반창고를 붙여 준다. 그러면서 중학생을 참고인이 아닌 딸이나 조카 같은 사람으로 느끼게 된다. 나중에 그 여학생은 연쇄살인범에게 살해당하는데 그걸 계기로 형사는 사건을 남의 일이 아닌 자기 일처럼 생각하게 된다.

반면 영화에서 구식형사는 무대뽀다. 점쟁이처럼 사람 얼굴을 쳐다보면서 이놈이 범인인가 아닌가 알아내려 한다. 책상에 앉아서 연구하기보다는 발로 뛰어다닌다. 자기 돈을 써가면서 말이다. 하지만 감정에만 치우친 나머지 엉뚱한 사람들을 잡아넣기 일쑤다. 고집이 세서 자기 잘못도 잘 인정하지 않는다. 하지만 자꾸 범인으로부터 멀어지는 느낌이 들자 마음을 열고 신식형사의 시스템을 받아들이기 시작한다.

그 영화에는 구식형사는 신식형사의 좋은 점을, 신식형사는 구식형사의 좋은 점을 받아들이는 또 다른 흐름이 있었다. 형사생활을 해 본 사람만 알아챌 수 있었을 것이다.

영화를 보고 나서, 나 또한 인간적인 것과 지식적인 측면, 두 가지 모두를 충족해야겠다고 생각했다. 그래서 청소년 교육지도사를 준비함과 동시에 학교에서 '직접' 아이들을 겪어 보기로 했다.

'말로만 떠들지도 말고 발로만 뛰어다니지도 말자.'

나 또한 인간적인 것과 지식적인 측면 두 가지 모두를 충족해야겠다고 생각했다. 그래서 학교에서 '직접' 아이들을 만나기로 했다. 이것이 내 좌우명이 되었다.

제3장

범죄 예방 강연 대장정에 오르다

1. 당신의 피에로 복장은 무엇인가
2. 웃음이라는 명약
3. 그 어떤 문제아도 결국 아이일 뿐이다
4. 끝까지 포기하지 말아 주세요
5. 피해학생, 그 처절하게 아픈 이름

1
당신의 피에로 복장은 무엇인가

나는 '눈으로 보는 것'을 매우 중요하게 생각한다. '범죄와의 전쟁'이 선포되어 형사들 눈에 불이 켜졌던 1989년부터 1992년까지 3년 연속 강력범 검거 1위를 할 수 있게 된 것 또한 '잘 보았기' 때문이다.

'잘 보면 잘 알게 된다.'

나의 확실한 지론이다. 형사들은 범죄자들의 눈을 주의 깊게 살펴보면서 그들 표정이나 몸짓을 보고 참과 거짓을 가려내려 애쓴다. 영화에서 보면 머리 좋은 용의자들이 자기 생각을 능숙하게 속이는 장면들이 자주 나온다. 그런데 사실 현실세계에서는 그렇게 할 수 있는 사람들이 드물다. 물론 감정을 잘 느끼지 못하는 사이코패스적인 인간이라면 어느 정도 가능할지도 모르겠다. 그래도 대부분 자기 심리상태를 표정이나 몸짓으로 드러내고야 만다.

물론 눈에 보이는 사실만을 믿고 섣불리 판단해서는 안 된다. 하지만 유심히 잘 보는 것으로부터 모든 정보는 파악되기 시작한다.

청소년 지도사 자격증을 막 땄을 때, 학교에서 강연이 들어오기 시작했는데 난생 처음 사람들 앞에서 강연이라는 것을 하려니 막막하기만 했다. 요즘 아이들, 수업 시간에 선생님 말씀을 제대로 안 듣는 건 기본이고 대놓고 자는 경우도 있다니 말이다.

'어떻게 하면 나를 잘 보게 할까?'

강연 내용보다 먼저 그것부터 최우선적으로 해결해야 했다. 나를 잘 보게 할 방법부터 확실하게 해 놔야 했다. 그 아무리 천금 같은 말을 전한들 아이들이 나를 제대로 보지 않으면 무슨 소용이 있겠는가? 내가 느끼는 감정, 나의 진심을 알아주지 못할 것 아닌가?

애들아,
그래도
사랑한다

실제로 강연을 다니기 시작하면서 보니 교육 현장은 상상 이상으로 심각했다. 일단 아이들이 무언가를 보고 집중하지 않는 것이 습관이 되어 있었다. 교사들 말로는 2000년대 교실붕괴 현상이 일어나면서 더욱 심해졌다고 한다. 어떤 과목이건 어떤 선생님이건 아예 앞쪽은 쳐다보지도 않는 아이들이 많다. 성격이 불같은 나로서는 그 모습을 용납할 수 없었다. 그래서 강연 초반에 항상 10~20분 동안 "앞 보고 집중해."라고 꾸짖었다.

그런데 문제가 있었다. 한 시간 이상 강의 시간을 주는 학교가 거의 없다는 사실이다. 대부분이 40~50분이다. 그렇다면 강의 시간 거의 절반을 혼내고 어르는 데 써야 된다는 말이다. 이러면 효율이 떨어질 수밖에 없다. 아이들을 집중시키는 것은 강연의 전부나 마찬가지다. 다시 어떻게 하면 나에게 집중하여 나를 보게 할지 고심 또 고심했다. 아이들의 입장에서 생각해 봤다. 내가 어렸을 때 나는 무엇을 보았는가? 나는 무엇에 관심을 두었는가? 결론은 간단했다.

호기심을 불러일으킬 만한 대상. 어렸을 때는 이 호기심을 충족시켜 주는 볼거리가 최고 아니겠는가? 그래서 나는 내가 실컷 가르치고 싶은 욕망을 충족시키는 강의가 아닌 아이들의 호기심을 채워 주는 강연을 구상했다. 그러기 위해서는 아주 짧은 시간에 내가 그들 눈에 확 들어야 한다.

　형형색색 화려한 가발, 선글라스, 화장품들을 모으기 시작했다. 아내의 립스틱도 발라보고 딸의 원피스까지 입어 봤다. 대머리 가발, 레게머리 가발, 귀신 가발까지 모두 총동원해서 눈을 끌 수 있는 모습들을 연구했다. 특히 여학생들은 눈매가 매서운 사람과 눈을 잘 마주치지 못하기 때문에 평생 잘 쓰지 않던 선글라스를 애용했다. 지금은 많이 부드러워졌지만 (부드러운 인상이 이 정도다) 젊은 시절 내 인상은 범죄자들을 얼어붙게 만들기 충분했다. 특히 검거왕 시절에는 내 눈만 보고도 범행 사실을 술술 털어놓는 사람들이 부지기수였을 정도다.

　예전에는 강한 인상과 외모, 목소리, 경찰이라는 직함이 내 권위였다. 하지만 아이들 앞에서는 피에로 복장에다가 얼굴에 화장한 내 모습이 새로운 권위가 되었다. 아이들은 나이 든 아저씨가 우스꽝스러운 복장을 한 것을 보고 충격이라느니 대박이라느니 하며 재미있어했다. 그 후에 따라 나오는 반응은 감동이다.

　'아, 저 아저씨는 저렇게까지 해서라도 우리에게 무언가를 말하고 싶은 거구나.'라며 나의 진정성을 복장과 화장에서 느낀다. 내가 입은 것은 피에로 옷이 아니라 재미와 진정성의 옷인 것이다. 진정성이 내가 새로 입게 된 힘인 것이다.

애들아,
그래도
사랑한다

나는 너를 보고 싶다!
너도 나를 봐 주라!

여기에서 나는 소통이라는 개념에 관해 이야기하고자 한다. 소통이란 너와 내가 마주보고 있다는 것이다. 서로 등을 돌리지도 않고 눈으로 다른 곳을 곁눈질하지 않는다는 말이다. 소개팅에 나와서 상대방의 말을 듣지 않고 다른 곳을 보고 있다면 그 둘이 연인이 되겠는가? 친구가 울면서 고민을 털어 놓았을 때에 내가 딴 생각을 하면서 바닥을 보고 있다면 그 친구가 위로를 받겠는가?

교육 또한 마찬가지다. 스승과 제자가 서로를 마주보아야 한다. 진심으로 서로에게 사랑과 신뢰를 느껴야 한다. 안타까운 사실이지만 너무 많은 교육자들이 상대에게 호감 주는 일을 게을리한다. 권위로 상대를 찍어 누르려고 하거나 무관심하고 냉정하게 대한다. 한 눈으로 응시하지 않는다. 그런 현상이 반복되면 같은 공간에 있어도 서로 다른 세계에 살고 있는 것과 같다.

교육자들뿐만 아니라 많은 현대인들이 "나를 봐 달라."라고 하지 않는다. 남의 일에 간섭하지 않는 무관심이 매너이고, 계산적으로 접근하는 것이 훌륭한 처세가 되어 버린 슬픈 시대에 우리는 살고 있기 때문이다.

얼마 전 길거리에서 여성을 폭행하는 취객을 말린 중년 남성이 오히려 폭행을 당해 바닥에 한참을 쓰러져 있다가 사망한 사건이 있었다. CCTV를 살펴본 결과 수많은 행인들이 그를 지나쳤다. 그 누구도 가까이 다가가서 자세히 살펴보려고 하지 않았다. 더 충격적인 것은 나중에 목격자 진술을 들어보니 아예 그를 보지도 못하고 지나치는 사람들이 많았다는 사실이다. 이처럼 무관심이 끔찍한 지경이 된 냉랭한 사회다. 나는 그러한 악덕들이 더 이상 미덕이 되어서는 안 된다고 강력하게 말하고 싶다.

"나는 너를 보고 싶다! 너도 나를 봐 주라!"

이렇게 말하면서 소통하는 사회가 되어야 한다. 그리고 그 소통을 처음으로 여는 사람들이 많아야 한다.

"자, 내가 피에로 복장을 하고 너희들에게 뭔가 말하려 해! 그러니 너희도 들어줘!"

이런 사람들 말이다. 그것이 꼭 알록달록한 옷이나 우스꽝스러운 화장이 아니어도 된다. 재미있는 농담을 못해도 좋다. 하지만 분명한 건 상대방의 눈길을 끄는 무엇인가가 있어야 한다는 사실이다. 그것이 학생들이 좋아하는 교사의 미소가 될 수도 있다. 아이들이 좋아하는 집 앞 분식점 떡볶이일 수도 있다. 이 글을 읽는 독자들에게 이 질문을 던지고 싶다.

"당신의 피에로 복장은 무엇입니까?"

웃음이라는 명약

어느 시대 어느 곳을 막론하고 '한 패'는 항상 존재했다. 한 패. 생각이 통하는 사람들끼리 모인 무리라는 뜻이다. 이 단어는 패거리 정치, 불량배 패거리 등 주로 좋지 않은 의미로 사용된다. 그래서 우리는 한 패라는 단어를 들으면 어디 구석진 골목에서 술, 담배 꺼내 놓고 와자지껄 떠드는 무리를 상상하기도 한다.

아무리 무관심과 냉랭함이 미덕이 된 사회라 해도, 아니 그럴수록 마음에 깊숙하게 자리 잡은 외로움은 더 깊어진다. 오히려 눈덩이처럼 불어났을 뿐이다. 그러다 보니 자꾸 끼리끼리 모이게 된다. 이런 끼리끼리 문화, 패거리 문화는 사람을 더욱 이기적·

배타적으로 만들 확률이 크다. 하나의 패거리는 다른 패거리를 배척하고 무시하게 된다. 이런 일들이 반복되다 보니 사회가 분열된다.

1980년대에는 경찰과 집회 참가자들이 대치하는 상황이 잦았다. 그 당시 시위를 경험해 보지 못한 요즘 학생들은 잘 공감되지 않을 수도 있다. 요즘 집회의 현장과는 달리 거친 폭력이 오갔고 부상당하는 사람도 많았다. 집회가 열린다고 하면 시위대나 경찰이나 잔뜩 긴장하기는 마찬가지였다. 시위대의 적이 경찰이 아니고, 경찰의 적이 시위대가 아님에도, 일단 현장에서는 서로 적대시할 수밖에 없었다.

시위대 사람들을 조사하라는 명령이라도 내려지는 날은 정말 곤혹스러웠다. 마치 적국의 대표들끼리 만난 듯 살벌한 기운이 피부로 느껴질 정도였기 때문이다. 나는 생각을 달리하기로 했다. 나는 이쪽 패, 저 사람은 저쪽 패라는 생각을 버리고 '사람 대 사람'으로 만나 보려고 했다.

진술을 요구할 때에도 "말씀 좀 부탁드릴게요." 하며 공손한 태도로 시작했다. 시민들을 위해 봉사하는 공무원 본연의 자세로 말이다. 그러다 보면 놀랍게도 상대방들이 협조적으로 변한다. 강압적이고 배타적인 태도로 대했을 때보다 훨씬 효율적이다.

한번은 극렬하게 데모하기로 유명한 사노맹 시위대를 뚫고 들어간 적도 있었다. 나와 함께 우리 강력반 형사들이 3년 연속 검거왕 타이틀을 갖게 된 것은 범인을 알아보는 눈 덕분이었다. 인상착의만 봐도 범죄자인지 아닌지 안다. 그런데 '수상한 녀석'이 시위대로 쏙 숨어드는 게 아닌가?

당시 분위기상 시위대 속에 경찰 혼자 들어가면 자칫하다 죽을 수도 있었다. 민주화운동을 하는 시위대에게 경찰은 시위대를 구속시키려는 집단, 민중의 지팡이가 아니라 '몽둥이'였다. 일단 내가 다가가자 시위대가 긴장했다. 순식간에 나는 그들에게 에워싸였다. 전운이 감도는 순간에 나는 공손히 입을 열었다.

"부평경찰서 강력반 박용호 형사입니다. 이 사람이 틀림없이 수배자인 것 같은데 좀 도와주십시오."

도와달라는 말 한 마디에 쇠파이프를 든 채 나를 노려보던 사람들도 내 얘기를 듣고 순순히 그 사람을 나에게 보내 주었다. 조회해 보니 내가 지목한 사람은 사기 기소중지자였다. 시위대의 협조로 수배자를 검거한 것이다.

그러면서 나도 그리고 그쪽 사람들도 우리는 다른 패가 아니라 대한민국을 위해 고민하고 봉사하고자 하는 공통점을 가지고 있다는 사실을 느꼈다. 나라를 사랑하는 '한 패'가 된 것이다. 서로에게 욕설과 폭력이 오갈 정도로 민감했던 주제도 웃으면서 얘기할 수 있다는 사실을 경험했다.

정말 애석하게도 교육자, 학생, 부모들이 본인들이 모두 한 공동체라는 사실을 자주 잊는다. 돈독하게 의리로 뭉친 한 패거리를 보면 분위기가 어떠한가? 서로에게 부드러운 표정으로 웃어 준다. 서로에게 웃어 주지 않는 사람들끼리 모여서는 한 패가 될 수 없다. 너무 슬프게도, 서로에게 인상 찌푸리고 외면하는 광경들이 점점 학교 자화상으로 굳어간다.

내가 강연에 집중시키기 위해 우스꽝스러운 복장을 하고 코미디언처럼 웃기는 것도 있지만 일단 한 패처럼 웃고 나면 분위기가 달라진다. 하나가 된 듯한 느낌이 든다.

아이들에게 가장 반응이 좋은 기술은 이거다. 두건에 선글라스까지 쓰고 과한 구레나룻을 붙이고 강연장에 들어선다. 아이들은 벌써 우스꽝스러운 차림을 보고 술렁이기 시작한다. 나는 이어 내 소개를 하고 "여기가 좀 덥네." 하며 두건을 벗는다. 그때 대머리 가발을 보더니 아이들이 빵 터진다. 1차 공격으로 아이들이 더 집중한다. 한창 강연을 하다가 칠판에 글자를 적는데 내 뒷모습을 보고 아이들이 또 한 번 깔깔깔 하고 웃는다. 내 뒤통수엔 '뭘 봐!'라고 쓰여 있다. 2차 공격. 이렇게 연달아 웃음이 터지면 그때까지도 나를 보지 않던 학생들마저 고개를 들어 나를 본다. 그리고 웃음을 참지 못한다. 아이들이 모두 한바탕 웃고 나면 서로 마음을 여는 다리가 놓이게 된다. 왜냐하면 우리는 이제 한 패가 되었기 때문이다.

짜장데이 때 좀처럼 웃지 않는 아이 한 명을 만난 적이 있다. 성격이 어둡거나 나빠서가 아니라 '웃음 포인트', 즉 '빵 터지는 지점'을 모르는 것이다. 그 이유를 살펴봤더니 부모들이 좀처럼 웃지도 않고, 재미있는 이야기도 전혀 나눠 오지 않았다고 한다. 그러다 보니 서로 대화가 없다. 하긴 즐겁지 않은 자리에서 이야기를 꺼내거나 듣고 싶은 사람이 몇이나 되겠는가? 인간은 모두 유희를 즐긴다고 하지 않았나? 그러니까 공부하는 것보다 노는 것이 더 재미있지 않은가? 나는 그 아이에게 이런 처방을 내렸다.

"야, 인마. 그럼 네가 먼저 부모님께 웃긴 얘기를 해 봐. 하루에 하나씩이라도."

애들아,
그래도
사랑한다

그러면서 이런저런 유머기술들을 가르쳐 주었다. 그리고 한참 후 다시 그 아이를 만났을 때 나는 놀라지 않을 수 없었다. 아이의 성격뿐만 아니라 외모도 확 달라져 있었다. 재치 있는 입담을 과시하며 여학생들에게 주목받는 아이가 되어 있었다. 내 말을 듣고 자기가 먼저 부모님을 웃게 만들기 위해 노력했다고 한다. 그랬더니 웃고 나면 다른 대화도 저절로 이어졌다고 한다.

맞는 말이다. 현실에서는 장동건이나 원빈처럼 잘생긴 남자보다도 다른 사람을 재미있게 해 주는 유머감각 있는 남자가 훨씬 더 많은 사랑을 받는다. 이처럼 웃음은 어두운 감정들을 치료하는 약이다. 웃음 자체가 온갖 질병을 치료한다고 하니 그 중요성은 아무리 크게 강조해도 부족하지 않으리라. 그렇다고 무조건 재미만을 추구하는 웃음이 되어서는 안 된다. 그 웃음 속에 따뜻한 메시지와 진중한 교훈이 담겨 있어야 한다. 그래서 나는 웃음과 훈계를 정확히 반씩 섞어서 강연한다. 하지만 분명한 철칙은 훈계보다 웃음이 먼저라는 점이다.

나는 항상 학생들에게 이 사실을 깨우쳐 준다.

"야, 인마들아. 사람들끼리는 서로 쳐다보면서는 웃지도 않고 말이지, 핸드폰이나 컴퓨터 볼 때만 웃는 사회가 어떻게 사람 사는 세상이냐. 사람을 쳐다보면서 웃어, 사람을."

그렇다. 인공적으로 만들어 놓은 영화, 드라마, 만화 보고 웃는 것 외에 사람들끼리 웃으며 나누는 대화가 없는 세상이다. 지금 바로 스마트폰보다 더 사랑하는 내 가족, 내 친구들의 얼굴을 보며 한번 웃어 주자. 인간으로서 살아 있는 느낌, 소통의 느낌이 들 것이다.

³ 그 어떤 문제아도
결국 아이일 뿐이다

요즘 아이들, 정말 조숙하다. 185cm가 넘고 190cm에 가까운 남자 중학생들이 부지기수다. 뒷모습을 보고 여교사인 줄 알았다가 앞에서 보면 여중생인 경우도 허다하다. 초등학생들이 어제 본 드라마에 대해 카메라 앵글이 어쩌고 연기력이 어쩌고 하면서 전문가처럼 품평하고, 초등 4~5학년으로 구성된 학교 내 폭력조직이 있을 정도다.

서구화된 식습관. 한계를 모르고 발전하는 인터넷 문화. 이러한 사회적 배경 때문에 정신적으로, 육체적으로 더 빨리 애어른이 되어가는 것이다. 오죽하면 형사처벌 연령을 현행 만14세에서 더 아래로 낮추어 청소년 범죄 사건을 예방하자는 주장까지 나오겠는가? 교육자로서의 내 입장은 결사반대지만 경찰관으로서의 나는 어느 정도 동의한다는 사실이 슬프다. 하지만 김 군과의 사건 이후 지금까지 내 근본적인 생각은 확고하다.

"아이들은 아이들일 뿐이다."

아이들이 아이들로서 권리를 누리지 못하는 시대, 정말 문제다. 아까 식습관과 인터넷 얘기를 했다. 이는 엄밀히 말하면 모두 어른들이 만든 산물이다. 물론 생활을 풍요롭게 만들겠다는 좋은 취지에서 시작됐겠지. 하지만 그 부작용에 대한 책임도 느껴야 하리라. 무분별하게 폭력과 음란이 난무하는 영상들을 풀어놓고 그에 대한 안전장치는 해 놓지 않고 아이들만 탓하고 있다. 무작정 좋은 것만 골라 먹여서 어른 같은 몸을 만들어 주고 그 몸을 어떻게 사용하는지에 관한 교육은 소홀히 했다. 아이들이 일찍부터 어른들의 나쁜 행동을 배우는 것이 과연 아이들만의 책임일까?

나를 포함해 어떤 어른이나 마찬가지겠지만 아이 같은 아이는 귀여워해 주고 예뻐해 주면서 어른 같은 아이는 같은 어른으로 대할 때가 많다.

애들아,
그래도
사랑한다

"우리는 아이들이
겪고 있는
아주 섬세한
일상적인 고통에 대해서는
잘 감지 못하고
그런 능력도 없는데,
가해자들의
어떤 구체적인 폭력에 대해서는
쉽게 분노하고
우리가 가지고 있는
모든 힘을 동원해서
그 폭력에 대해서는
또 폭력적으로
처벌을 하게 되는,
이런 고리로 자꾸
연결이 된다는
느낌이 들어요."

— 정혜신 박사 정신과전문의 인터뷰 중

조직폭력배 행동대장으로 일하는 중학교 2학년 학생을 만난 적이 있다. 그렇다. 열네 살짜리가 조폭 행동대장이다. 키는 180cm를 훌쩍 넘고 몸은 완전 근육덩어리다. 인상도 사나워서 양복 입혀 놓고 칼 들려 놓으면 영락없는 야쿠자다. 경찰서에서도, 그리고 녀석이 몸담았던 조직에서도 그 누구 하나 한국 나이로는 열네 살밖에 안 된 아이로 대해 주지 않았다. 그러니 녀석이 어떻게 아이처럼 생각하고 행동할 수 있겠는가?

옛날 조직폭력배에는 불문율이 많았다. 일반 시민은 건드리지 않는다. 싸움은 최대한 일대일 맨주먹으로 한다. 흉기는 웬만해선 사용하지 않는다. 경찰에게는 공손하게 대한다. 여자와 아이들은 건드리지 않는다.

하지만 요즘엔 앞서 말한 사항들을 하나도 지키지 않는다. 고등학교를 기웃거리면서 일진들을 섭외해 조직원으로 '스카우트'한다. 심지어 여중생들을 꼬드겨 성매매 집단을 만들기도 한다. 영화에 나오는 의리와 낭만은 사라진 지 오래고 (아예 없었을지도 모른다) 오직 돈과 이익만이 암흑세계를 움직인다.

이는 비단 폭력조직처럼 극단적인 범죄자 집단에 국한되는 이야기가 아니다. 열두 살, 열세 살짜리 소녀를 여자로 보고 성매매하는 남성들. 그들을 검거하고 보면 전과가 있는 경우는 거의 없다. 대학생, 의사, 공무원, 대기업 임원 심지어 법조인까지. 소위 사회에서 존경받는다는 위인들이 더 많이 검거된다. 그들이 아이들을 아이로 보았다면 이런 세기말적인 현상이 판을 치겠는가?

조직폭력배나 성매매 여성이었던 아이들을 모아 놓고 이야기를 하다 보면 정말 크게 놀란다. 오히려 다른 평범한 아이들보다 더 아이답기 때문이다. 한 번이라도 이런 아이들이 웃는 모습을 직접 본 적이 있는가? 다른 아이들과 마찬가지로 이들도 해맑은 천사와 같은 웃음을 가졌다. 오히려 더욱 순수하기 때문에 어른들에게 쉽게 농락당한 경우가 잦다.

외롭고 고통스러웠던 유년기를 보냈기 때문에 누군가에게 기대고 싶었던 것이다. 그런 아이들에게 어른들은 달콤한 말을 속삭여 사람을 죽이게 만들고 미성년자 성매매를 시킨다. 그러고 나서 나중에 잡히면 "그 아이들이 원해서 한 일"이라고 주절댄다. 아이들이 공포에 질리면서도 어른들의 칭찬 한 번 듣고자 끔찍한 일을 저지른 심리는 조금도 파악하지 못한 채 말이다.

성매매를 했던 여학생들을 모아 상담해 보면 그중에서 진정으로 즐거움을 느꼈다는 아이는 단 한 명도 없다. 아버지의 따뜻한 표정, 칭찬 한 번 들어보지 못했던 애들이라 그런 사랑을 거짓으로라도 악당들에게 느꼈다니 얼마나 슬픈 일인가? 하지만 사회는,

특히 매스컴은 그들을 몸 파는 여자인 것처럼 표현한다. 그들은 아직 여자가 아니다. 아이다. 그 사실을 잊는다면 이런 비극은 계속되리라.

어른은 어른, 애는 애로 대해 줘야 한다. 우리는 이것이 뒤바뀌어 버린 세상에 살고 있다.

| 애들아,
| 그래도
| 사랑한다

⁴ 끝까지 포기하지 말아 주세요

"제발 아이들을 버리지 말아 주세요."

20여 년간 각종 범죄예방 활동을 하면서 가장 많이 한 말이다. 퇴학 학생들을 결정할 때, 교사들 심정은 무너진다. 아무리 큰 잘못을 저지른 학생이라 한들 학교에서 내보낸다는 것은 너무나 어려운 결정이다. 학교에서 포기하고 내친 것인데 마지막까지 며칠이나 밤잠을 설쳐 가며 수없이 심사숙고했을 것이다. 하지만 결론부터 이야기하자면, 나는 퇴학이라는 처벌을 반대한다.

어떤 사람들은 이렇게 반박한다. 교육체제도 더 훌륭하고 개인의 인권 또한 엄격하게 보장되어 있는 선진국에도 퇴학이라는 제도는 있다고 말이다. 하지만 나는 그런 분들에게 이렇게 되묻고 싶다.

"과연 우리나라 교육현실에 선진국처럼 잘 발달된 교화 프로그램이 있습니까? 갱생 프로그램은요? 범죄 예방 교육은?"

열심히 공부하고자 애쓰는 다른 학생들에게 피해 입히는 불량학생을 어느 정도 격리시켜야 한다는 사실은 옳다. 조심스러운 이야기지만 나 또한 일진이었던 적이 있지 않은가? 어린 시절이 있었지만 어느 날 문득 다른 이들에게 피해 입힌다는 것이 사실 너무 부끄러웠다. 너나 나나 별로 나을 것 없이 가난하고 힘든데, 내가 힘들다고 그 핑계로 남을 괴롭히고 나 자신까지 망치고 있는 건 정당하지 못하다고 생각했다. 그런 '양심적인 부끄러움'을 깨닫지 못한 채 남에게 피해를 주는 아이들은 분명히 응당한 책임을 지고 반성해야 한다!

하지만 여타 교육선진국처럼 우리나라는 '교육의 틀 안에서' 인권적으로 격리시키는 시스템이 부족하다. 다른 나라의 경우, 교화 캠프, 갱생 지도사 상담처럼 검증된 시스템과 인력이 구비되어 있

다. '한 번 더 기회를 주는' 구호시스템이 존재한다는 말이다. 그런 프로그램을 거치고서도 변하지 않았을 때, 퇴학이라는 극약을 처방한다. 한 사람의 인권을 위해 다른 사람들의 인권을 무한정으로 제한할 수는 없는 노릇이니까 말이다.

우리나라의 경우는 이러한 '두 번째 기회'를 갖지 못하고 길거리로 쫓겨나는 학생들이 많다. 그들은 그 두 번째 기회를 갖지 못했다는 사실에 더욱더 크게 좌절하고 분노한다. 학교에서 다시 기회를 주었으면 어떠했을까 하는 회한이 그들 마음을 무겁게 짓누른다.

책 서두에서도 얘기했지만 역사라는 놈은 '만약'을 허락하지 않는다. 그렇지만 그 만약의 기회가 실제로 있었는지 없었는지에 따라 심리적 결과는 천지 차이가 난다. 다시 잘할 수 있는 기회가 있었는데 그걸 날려 버렸다면 극단적인 처방 또한 어느 정도 수긍한다. 하지만 그런 기회가 제대로 없으면 극단적인 처방을 수긍할 수 없다.

이제 그런 아이들은 사회 어두운 곳에 옹기종기 모이기 시작한다. 그러면서 마치 자기들이 대단한 투사라도 된 듯 영웅심리에 젖어든다. 퇴학당한 아이들에게 학교는 기회도 주지 않는 냉정하고 차가운 곳일 뿐이다. 그 좌절감으로 아이들은 더 탈선하게 되

애들아,
그래도
사랑한다

고 결국에는 스스로의 인생을 파멸시키기 시작한다.

미국 형법 사회에서는 삼진아웃제도라는 것이 보편화되어 있다. 교도소에서도 그렇고 청소년 선도단체에서도 마찬가지다. 세 번까지의 기회를 무조건 준다는 뜻이다. 물론 세 번째엔 매우 강력한 처벌이 내려진다. 놀라운 점은, 이 세 번을 넘어선 아이들은 다섯 번이고, 열 번이고, 무한대로 법을 어기지만, 기회를 부여받고 반성의 시간을 가졌던 아이들은 한두 번 정도에서 멈추고 교화된다는 사실이다. 그렇기 때문에 미국 사회가 결과적으로 한 번의 기회만을 주는 우리사회보다도 선도율과 재발 방지율이 훨씬 높은 것이다.

자, 그러면 아이들에게 두 번째 기회를 주었을 때 어떻게 되는지 살펴보자. 결과는 놀라울 만큼 싱겁다. 정말이다. 아주 싱거운 결과가 나온다. 두 번째 기회를 누군가 주었다는 사실만으로 퇴학대상자였던 문제아들이 너무나도 빨리 좋은 방향으로 변하기 때문이다.

몇 년 전 중학교 3학년 때 교사와 부모를 흉기로 찔러 퇴학당한 아이를 만났다. 처음에 그놈은 세상 모든 사람을 죽일 것 같은 살벌한 눈빛을 하고 있었다. 웬만한 강심장이 아니고서 보통사람은

두 번째 기회를 주었을 뿐인데
이렇게 못 알아볼 정도로 좋아진
그 녀석에게 하염없이 고마웠다.

그 녀석 근처에 접근하지도 못했을 것이다. 하지만 나는 녀석의 독기 어린 눈을 똑바로 응시하면서 손을 내밀었다.

"한 번 더 기회를 준다면, 그 기회를 잡을 수 있겠냐?"
"네……."
"그렇다면 내 손을 그 기회라 생각하고 꽉 잡아 봐."

순간 녀석의 살기어린 모습이 와르르 무너지며 녀석은 무릎을 꿇었다. 그리고 나의 손을 붙잡고 하염없이 울었다. 이후 내가 무언가를 특별히 가르쳐 주지 않았는데도, 그리고 내가 항상 옆에서 감시한 것도 아닌데 크게 변하기 시작했다.

얼마 전 어느 고등학교에 강연을 갔다가 학생회장이 되어 있는 그 녀석을 다시 만났다. 키나 몸집은 비슷한데 표정과 목소리가 너무나도 달라져 있어서 나는 처음에는 알아보지도 못했다. 녀석이 능숙한 솜씨로 내 강연을 촬영하는 모습을 보면서, 문득문득 눈물이 차오르는 것을 몇 번이나 참아야 했다.

여러 가지 복잡한 감정이 섞여서 그랬지만 그중 가장 묘한 기분은 고마움이었다. 두 번째 기회를 주었을 뿐인데 이렇게 못 알아볼 정도로 좋아진 그 녀석에게 하염없이 고마웠다. 그 아이가 버림받아 유흥가를 헤매고 있다면 어떻게 되었을까? 지금쯤 큰 칼을 들고 조폭들과 의미 없는 격투를 벌이다가 차가운 길바닥에서 생을 마감했을지도 모르는 일이다.

  나는 어른들에게 묻고 싶다. 그대는 아이들에게 선택의 기회를 주고 있는가? 어두움과 절망에서 끌어올려 줄 새로운 기회를.

| 애들아, |
| 그래도 |
| 사랑한다 |

5
피해학생, 그 처절하게 아픈 이름

 내가 강연 때마다 고백하는 부끄러운 개인적 일화가 하나 있다. 초등학교 시절, 키도 크고 덩치도 산만 해서 주변 아이들을 괴롭히는 친구가 한 명 있었다. 몸집만 큰 것이 아니라 집까지 잘사는 친구였다. 당시 계란은 매우 비싼 음식이었다. 굴비 한 마리와 계란 한 개가 같은 가격이었다. 지금은 3일장, 5일장이라 부르는 풍속시장에 짜가가 아닌 진짜 굴비 30마리 정도를 꿴 볏단을 들고 가면 정확하게 계란 한 판이랑 바꿔 주었다.

 지금 생각해 보면 배를 잡고 웃을 일이지만 당시에는 그랬다. 그런데 그 녀석 도시락에는 항상 밥 위에 계란 프라이가 하나씩

엎어져 있었으니 얼마나 부자였는가! 국회의원이나 지역 유지의 자제가 아니면 꿈도 못 꿀 일이었다. 반대로 나를 포함한 대부분 다른 아이들은 보리죽 한 그릇 못 먹거나 도시락을 못 싸와, 쇠 비린내 풍기는 수돗물로 배를 채우는 날을 셀 수 없을 정도로 찢어지게 가난했다.

어느 날 그 녀석이 다른 애들 물건까지 뺏으면서 괴롭히는 모습을 보다가 나도 모르게 울컥해 녀석의 팔을 연필로 푹 찔러 버렸다. 친구의 비명과 함께 교실은 아수라장이 되었고 겁에 질린 나는 그 길로 학교에서 도망쳐 나왔다. 소식을 들으셨을 아버지께 혼나는 게 무서워서 혼자 한 치 앞이 안 보이는 밤에 산을 헤맨 것이 내 첫 가출이라면 가출이다.

친구가 먼저 잘못해서 내가 그 녀석에게 폭력을 휘둘렀다는 과거사를 정당화하고 싶은 마음은 추호도 없다. 왜냐하면 그 일이 있고 나서 오랜 세월이 흐른 뒤 녀석을 다시 거리에서 우연히 만났을 때 들은 말 때문이다.

"어, 너 인마, 박용호! 박용호 맞지?"
"어, 그래. 야~. 정말 오랜만이다."
"어떻게 날 바로 알아봤네?"

애들아,
그래도
사랑한다

"이 자식, 박용호. 내가 너를 어떻게 잊겠냐? 이거 볼 때마다 생각난다, 인마."

친구는 대뜸 자기 팔목을 나에게 보였다. 거기에는 오래된 흉터가 한 점으로 남아 있었다. 바로 내가 연필로 찌른 자국이다. 그걸 본 순간 나는 가슴이 답답해지면서 미안한 마음 외에 어떠한 감정도 느낄 수 없었다.

녀석이 나를 용서했는지 안 했는지 본인만이 알 수 있는 일이리라. 하지만 분명한 건 내가 그의 몸에, 그리고 마음에 지워지지 않는 상처를 남겼다는 사실이다. 그 오래된 흉터를 보기 전에는 나도 모르게 스스로를 정당화시키려 했을지 모른다. 녀석은 키가 컸으니까, 부자였으니까, 남을 괴롭혔으니까 등 여러 가지 이유를 대면서……

지금껏 내가 검거한 범죄자들이나 선도했던 불량학생들과 심리적 공통점을 가지고 있었다고 생각하니 얼굴이 화끈거렸다. 녀석 입장에서는 어떠했겠는가? 철없던 시절 입은 상처를 평생 바라보며 그날을 기억해야 되지 않았겠는가? 그것이 어떠한 정당성을 가진 사건이란 말인가? 그 친구와 나 사이에 성립되는 인간관계

공식은 영원히 '박용호는 가해학생, 친구는 피해학생'이라는 슬픈 도식이다.

요즈음 피해 학생들 현황은 더욱 처참하고 슬프다. 우리 학창시절에는 그래도 한 대 때리면 한 대 맞는 식으로 치고받고 싸웠다. 게다가 아직 마음속이 양반들인 구세대라 미약하게나마 명분이 있었다. 하지만 경제가 성장하고 생존게임이 치열해지면서 교내 폭력은 사회적인 규모로 커져갔다.

가해학생들은 더욱 집단화된 반면 피해학생들은 더 소수가 되어갔다. 두세 명이 무리지어 한 명을 괴롭히던 것이 열 명 넘게, 그러다가 반 전체가, 결국에는 학교 전체가 가해자가 된다. '일 대 수백'으로 괴롭히며 거의 '인격적 사형선고'를 내리는 지경에까지 이르렀다.

생각해 보라. 이러한 상황에서 어떠한 이유가 있겠는가? 요즘 피해학생들은 얼굴도 이름도 모르던 아이들이 갑자기 자기에게 와서 오물을 던지고 주먹을 휘두르는 일을 당한다. 이유가 있어서 폭력을 휘두르는 것이 아니라 폭력을 휘두르기 위해 이유를 만들어낸다. 폭력을 휘두를 대상을 만드는 것이다. 공장에서 샌드백 만들어내듯 말이다. 사람이 아니라 물건 취급하는 거다. 이건 인

천 보배보다
사람 한 명이 더 중하다.

종차별이나 빈민학살을 저질렀던 역사 속 수많은 전체주의 체제에 속했던 사람들의 마음과 다를 바 없다.

무서운 수치들을 몇 개 살펴보자. 지금부터 하는 이야기들은 '피해학생들한테도 당할 만한 이유가 있겠지.'라는 시답지 않은 생각을 조금이라도 품는 사람들에게 보내는 경고와도 같다.

전체 피해학생들의 37%정도, 그러니 3분의 1이 훌쩍 넘는 숫자가 집단 따돌림을 당하게 된 유일한 계기가 '외모'다. 너무 못생겨서, 너무 잘생겨서, 너무 뚱뚱해서, 너무 말라서. 이유도 가지가지다.

특히 여학교에서 자주 일어나는 진풍경 하나를 살펴보자. '못 나가는 아이'가 '잘 나가는 아이'보다 예쁘면 그 이유만으로 왕따 후보다. 예쁜 액세서리나 머리 모양도 칠거지악에 해당하는 '중죄'란다. 못 나가는 아이가 자신을 예쁘게 유지할 수 있는 방법은 간단하다. 잘 나가는 여왕의 시종이 되거나 잘 나가는 무리에게 남학생들을 꼬이게 하는 홍보용 얼굴 마담이 되면 된다.

아니, 이것이 무슨 여학교인가? 심하게 말하면 룸살롱의 경영논리와 다를 게 없다. 귀하고 예쁜 딸을 시종이나 얼굴 마담이 되라고 학교 보내는 부모가 세상천지에 누가 있단 말인가? 정말 이런 말을 하는 것이 슬프고 기막히지만 이런 경우는 그나마 낫다. 왕따를 피할 수 있는 방법이라도 있으니 말이다.

선천적으로 외모가 남들보다 아름답지 않고 잘생기지 않다고 해서 따돌림을 당하는 경우엔 어떻게 해야 하나? 노력해도 바꾸기 어려운 키를 문제 삼는 경우에는?

우리나라는 '성형 천국'이라 불린다. 중국, 동남아시아는 물론 우리보다 전체적인 의료 수준이 훨씬 높은 일본에서조차 한국으로 '성형 관광여행'을 온다. 의료기술이 전 세계에서 가장 발달했다는 미국에서조차 우리나라 성형시술기술을 자신들과 비등한 최고라 인정해 준다. 언론에서도 '의료 한류'니 '외화 수익 창출'이니 은근하게 부추기는 모습을 볼 때, 한편으로는 국위선양이라니 뿌듯한 마음도 들지만 이를 가능케 만든 원동력인 외모지상주의가 가슴을 먹먹하게 잡아 준다.

어른들이 진리마냥 당연시하는 외모지상주의를 아이들이 그대로 배운 것이니, 아이들만을 탓할 수도 없는 노릇이다. 천 보배보다 소중한 한 사람이 지닌 수많은 가치들 중 단 한 가지이자, 본인이 노력으로 바꾸기 가장 힘든 '외모'. 이 한 가지 때문에 피해학생들 중 37%가 오늘도 경멸어린 시선과 가혹한 주먹세례를 견디고 있다. 문득 옛 성현 말씀이 하나 떠오른다.

전체 피해학생들의 37%정도,
그러니 3분의 1이 훌쩍 넘는 숫자가
집단 따돌림을 당하게 된 유일한 계기가 '외모'다.
너무 못생겨서, 너무 잘생겨서,
너무 뚱뚱해서, 너무 말라서.
이유도 가지가지다.

"당신들이 젊음을 상으로 받은 것이 아니듯, 내 늙음도 벌로 받은 것이 아니다."

지금도 피해학생보다 외모가 좀 더 낫다고 집단으로 친구에게 욕해 대고 발길질 해대는 놈들에게 고한다. 너희들이 나이 들어서도 얼마나 멋지고 예쁜지 두고 보겠다고.

나머지 피해학생들 중 26.7% 되는 학생들, 그러니 4분의 1이 넘는 아이들의 사연을 들어 보자. 외모만큼은 아니지만 그것 못지않게 기가 찬다. 이들이 왕따를 당하는 이유는, '단순하거나 우발적인 행위' 때문이다. 단순행위나 우발행위는 문자 그대로 지속적으로 해 온 것이 아니거나 고의성이 부족한, 쉽게 말해 '그냥 그럴 뜻이 없었는데 어쩌다 보니 한 번 일어난 작은 일'이다. 오랫동안 아이들 이야기를 듣고 경험한 결과 나는 단순, 우발에다가 한 가지를 더 붙여야 된다고 생각한다. 바로 '오인 행위'이다. 그럴 뜻으로 한 행위가 아닌, 말 그대로 사람들 간에 일어난 오해다.

잘 나가는 아이들이 못 나가는 아이 앞을 지나갔다. 그런데 이 녀석들 몸에서 술, 담배 냄새가 지독하다. 심지어 부탄가스, 신나 냄새까지 풀풀 풍긴다. 속칭 '못 나가는 아이'는 자기도 모르게 냄새 때문에 인상을 찌푸릴 수밖에 없었다. 그런데 잘 나가는 아이들은 이것을 도발로 받아들인다. 이게 말이 되는가? 어떤 누가 미쳤다고 의도적으로 도발하기 위해 혼자서 이들에게 대놓고 인상을 찌푸린단 말인가? 단순, 우발, 오인이 모두 뒤섞인 행동이었던 것인데 이 일을 가지고 피해학생은 입학해서부터 졸업할 때까지 괴롭힘을 당했다.

얼마 전, 일진 짱이 좋아하는 여학생을 사귀었다는 이유로 폭행을 당해 사망한 남학생에 관한 기사가 났었다. 그 피해학생은 일진 짱이 여자친구를 좋아한다는 사실을 전혀 몰랐다고 한다.

한때는 '등 밀기'라는 왕따 제조용 놀이가 유행이었다. 가만히 서 있는 학생 등을 세차게 민다. 밀린 학생이 자기도 모르게 "아이 씨~."라고 이야기하거나 항의하는 눈빛으로 뒤를 돌아보면 때리기 시작하는 것이다.

이런 사례들을 듣고도 피해학생들도 당할 만한 행동을 했다는 생각은 들지는 않을 것이다. 대체 그 피해학생들은 무엇을 어떻게 했어야 할까? 학교 빠지면서 수천만 원을 들여 전신 성형을 하고 기본가가 7천만 원에다가 입원기간이 최소 1년이라는 알리자이로프 키 높이 수술을 받아야 하는가? 자신이 좋아하게 된 이성 친구에게 "혹시 일진이 너 좋아하니? 그렇다면 당장 헤어지자."라고 선포하고 도망쳐야 했나? 누가 밀어도 웃고, 때려도 미소 지으며 바보 행세를 해야 하나? 술, 담배, 부탄, 신나 냄새를 향기로 바꿔 주는 마법의 묘약이라도 코에 뿌리고 다녀야 하는가? 칠칠치 못하게 그런 사소한 것도 준비 못한 게 죄라면 나는 더 이상 할 말이 없다.

끝까지 피해학생들에게도 이유가 있다고 생각하고 싶은 분들이 계실지 몰라 (자신이 옛날에 가해자였거나 가해학생 가족일 확률이 크겠지만) 63.7%를 제외한 나머지 학생들 얘기를 해 보고자 한다. 원인을 본인이 유발했다면 유발했다는 아이들 말이다.

그러나 그것도, 그들 중 절반은 왕따 당하는 친구와 우정을 끊지 않았다는 이유, 자신이 피해를 입고 있다는 사실을 교사들에게 말한 죄, 수학여행이나 소풍 때 술, 담배, 환각물질파티 등을 신고한 죄, 더 이상 함께 나쁜 짓하지 않는다는 이유 등 '비탈선형 행위'다.

그러면 나머지 절반은 '탈선형 행위'일까? 대답은 전혀 아니다. 절대 소수인 피해학생들이 절대 다수, 아니 조직에 가까운 '일진'이라는 상대로 어떠한 탈선을 할 수 있다는 말인가? 소수의 탈선 행위자들이 있긴 하다. 하지만 이는 제대로 도둑질을 해 오지 않았다는 이유, 멋진 이성들을 제대로 꼬여 오지 못한 죄 등 '하달형 탈선'이다.

"왕따를 당하는 학생들은 자해와 연관성이 큽니다.
자살위험도가 큰 왕따 경험 학생들의 자살사고나
행동을 줄이기 위한 어른들의 관심과 노력이 필요합니다."
_예일대 의대 소아정신과 김영신 교수

지금까지 이야기들을 정리해 보면서 나는 몇 번이나 오싹한 느낌이 들었다. 30년이 넘도록 수도 없이 경험해 온 일임에도 소름이 끼친다. 이제 더 이상 교내 폭력은 철없는 어린 학생들 사이의 알력 혹은 감정싸움이 아니라, 힘없는 시민과 거대 마피아 간 구도처럼 말로 표현할 수 없을 만큼 불공정한 그림 속에 있다. 그 안에서 벌어지는 이 심각한 상황에 오싹한 기분이 드는 것이다.

학교 밖 거리에서 만난 아이들

1. 갈 곳 없는 아이들에 대한 세 가지 편견
2. 짜장데이
3. 네 부모는 네 부모고 너는 너다
4. 비난만 하지 말고 들어 주세요
5. 범죄자를 꿈꾸는 아이들

1
갈곳 없는 아이들에 대한 세 가지 편견

우리나라 청소년 중 무려 10~12퍼센트가 1년에 1회 이상 가출을 한다고 한다. 그중 2~3퍼센트는 장기 가출 청소년이다. 이런 가출 청소년들이 성매매, 강도, 절도, 심지어 살인 같은 끔찍한 범죄에 연루될 때면 매스컴들은 앞 다투어 걱정스러운 논조를 던진다. 그런데 이런 기사에는 가장 중요한 사항들이 빠져 있다.

일단 애시 당초 이 아이들이 왜 집과 학교를 떠나 떠돌아다니는지에 대한 관심이 없다. 아이들이 어디에 거처를 마련하고 어떤 무리를 이루어 사는지에 관한 이야기도 없다. 그리고 그 빈자리에는 더욱더 '정상적'이라는 사람들이 어렴풋이 가지고 있는 선입견으로 채워진다.

그러한 선입견 몇 가지만을 지적해 보겠다.

첫째, 부모님이 정상적이지 않은 불행한 가정에서 자라났을 것이다.

물론 그런 가출 청소년들도 있다. 아버지나 어머니 둘 중 하나 혹은 전부가 인성, 금전, 술·담배 문제 등을 가지고 있는 경우 그러하다. 하지만 아예 돌아갈 가정이 없는 아이들도 많다. 부모가 없는 상태에서 할아버지, 할머니 혹은 더 먼 친척이 양육하는 경우다.

유교적 기준이 더 높았던 이전에는 문자 그대로 '결손가정'이 많았다면 지금은 '가정자체가 해체'되어 사라져 버리는 시대다. 이런 경우는 가출이 사실 가출이 아닌 것과 같은 결과를 낳는다. 밖에 있건 안에 있건 가정 자체가 없기 때문이다. 이러한 아이들을 과연 불량부모 밑에서 태어난 불량 자식이라고 손가락질할 수 있을까?

엄밀하게 보자면 '가출 청소년'이라는 명칭으로 부르는 것 자체가 틀린 이야기다. 이들은 가정으로부터 뛰쳐나온 것이 아니라 길

거리 자체가 자기 가정이기 때문이다. 그런데 거리에 아이들을 위해 조직화된 사회시스템이 없기 때문에 다른 불량한 아이들이 만든 공동체에 자동적으로 예속될 수밖에 없게 된다. 가정이 없는 아이들에게 가족을 대신할 수 있는 복지적 보호가 주어지지 않는다면 이러한 현상은 계속되리라고 자신 있게 단언한다.

둘째, 가출 청소년은 또래들끼리만 모이기 때문에 결국 나쁜 길로 빠진다.

맞는 말이다. 얼마 전까지는 그래 왔다. 하지만 요즘에 들어와서는 반만 맞는 사실이 되었다. 처음에는 또래들끼리만 어울린다. 하지만 가출이 장기화되면서 돈이나 거처가 절실해지고 무엇보다 자기들을 이끌어줄 어른이 필요해진다. 지금 컴퓨터나 스마트폰으로 '가출청소년'이라고 검색해 보라. 어른들이 가출청소년을 모아서 성매매, 강도, 절도, 심지어는 끔찍한 폭력까지 교사했다는 글이 수없이 뜰 것이다.

앞에서 여러 번 강조했듯이, 어른들이 아이들을 아이가 아닌 애어른으로 취급하는 문화에다가 물질만능주의가 결합하는 바람에 이러한 말도 안 되는 비도덕들이 자행되고 있다.

셋째, 가출 청소년들은 부모나 교사들에게 반항하여 놀고 싶은 마음에 뛰쳐나간다.

그럴 수 있다. 하지만 정말 심각한 사회문제라 할 수 있는 '장기 가출 청소년'들은 그런 경우가 별로 없다. 이 편견은 앞에서 이야기한 첫 번째, 두 번째 편견과도 그 맥락을 같이한다.

더 이상 편부편모슬하 결손가정도 아닌 문제 가정도 아닌 '가정 해체'를 경험한 아이들의 경우 생계를 위해 그리고 또 다른 생존 시스템을 찾기 위하여 거리로 나선다. 하지만 청소년 고용에 관련된 제도적 장치들이 미흡하고 문제가 생겼을 때 어른사회와 소통할 수 있는 채널들이 제한되어 있다. 무엇보다 이 세 번째 편견이, 자기를 돌봐줄 수 있는 사람들의 신의를 배신하는 불량한 아이들이라는 낙인이 그들을 더 어두운 곳으로 내몬다. 보호해 주어야 할 아이들이 아닌, 일반인들에게 위협이 되는 요소로 인식되기 때문이다.

좋아하는 게임이나 만화 이야기만큼 아이들과 신명나게 대화할 수 있는 주제가 없다. 그러던 중 어느 날, 굉장히 인상 깊은 이야기를 듣게 되었다. 어떤 학생이 『홀리랜드』라는 만화 시리즈를 소개해 줬다.

일본 만화『홀리랜드』의 책 표지.
어느 국가에서나 그러하듯 일본에서도 문제아들은
학교랑 가정에서 배척당한 뒤 유흥가로 내몰린다.
그곳에서 대부분은 불법적인 돈벌이를 시작하며
점점 정착 아닌 정착을 해나간다.

"홀리랜드? 성스러운 땅? 이야, 영어 짧아도 알아들을 수 있는 말이라 좋다. 뭐 엄청나게 건전한 내용이겠다?"

"아니에요. 일본 불량학생들이 은밀하게 암호처럼 말하는 단어예요."

"불량아? 암호? 성스러운 땅이 어딘데?"

"환락가예요."

"뭐?"

성스러운 땅이 환락가라니 이게 어찌 된 영문인가? 이지메, 원조교제, 자살놀이 같은 단어처럼 홀리랜드 또한 일본발 신조어다. 어느 국가에서나 그러하듯 일본에서도 문제아들은 학교랑 가정에서 배척당한 뒤 유흥가로 내몰린다. 그곳에서 대부분은 불법적인 돈벌이를 시작하며 점점 정착 아닌 정착을 해 나간다. 소통할 수 있는 유일한 사람들은 자신과 처지가 같은 '잘린 애들' 뿐이다. 난생 처음으로 끈끈한 우애와 즐거운 공감대가 형성된 집단에 속해 있다는 뿌듯함. 그러한 이유에서 환락이 가득한 유흥가는 이들에게 더할 수 없이 성스러운 영역, 즉 홀리랜드가 되어 간다.

하지만 집단은 어디까지나 집단이다. 집단이 팽창하면서 규율이 필요하게 되고 지배자가 등장한다. 인간이 지닌 자연스러운 본성이 슬슬 가면을 벗고 맨얼굴을 드러내는 시점이 이때다. 인간은 어디까지나 생존을 최우선적으로 유지해야 한다. 이익관계가 생기면서 어른사회와 마찬가지로 힘의 논리가 형성된다. 일탈은 처벌된다. 무한 자유가 보장된 일탈을 꿈꿔 탈출한 홀리랜드에서 일탈이 처벌된다니, 이 얼마나 모순된 현상인가?

결국 아이들은 자신들이 도망쳐 온 규율 사회와 같은 곳이 되어 버린 홀리랜드에 외로이 서서 더욱더 가혹해진 지시와 처벌을 기다리는 신세가 되어 버린다. 어깨를 맞잡고 유일하게 소통이 가능했던 동료는 어느새 내 지배자가 되어 목을 조르기 시작한다. 신의 지배를 피해 달아난 곳에 또 다른 신이 기다리고 있었던 것이다. 홀리랜드는 이처럼 복합적인 단어다.

2000년대 중반을 넘어서면서 가출 청소년들은 이전처럼 더 이상 소그룹끼리 유랑하지 않고 '가출방'이라는 정착촌을 형성하기 시작했다. 그곳에서 역할 및 서열을 나누어 조직적으로 활동한다는 소식을 들을 때마다 이지메, 원조 교제, 자살 놀이처럼 또 다른 일본발 불량 청소년 문제가 자리 잡은 것 아닌지 걱정이다.

내가 이번 장을 시작하면서, 초반에 이 세 가지 편견과 홀리랜드라는 유행어를 짚고 넘어가는 이유는 바로 이 '보호'라는 개념과 깊은 관련이 있다. 지금껏 너무나도 많은 사람들이 가출 청소년들을 위험한 존재로만 인식했지 보호하고 안아 줘야 할 여린 새싹들로 생각해 오지 못했기에 심각한 문제들이 발생했다. 그리고 이것이 문제인지조차 인식하지 못하는 무관심한 어른들이 너무 많다.

위기에 처한 아이들을 위험한 아이들이 아니라 '위험에 처한' 아이들로 봐 주기를 부탁한다.

2
짜장데이

내가 경찰관으로, 그리고 학교 폭력 예방 교육자로서 오랜 세월 근무해 온 인천에는 정말 맛있는 중국집들이 많다. 전국 최대 규모 차이나타운이 있기 때문이다. 규모만 큰 것이 아니라 그 역사가 길다. 인천 자체가 고대부터 중국과의 교역이 이루어진 항만 지역이기 때문이다. 그래서 맛있다는 중화요리 전문점은 거의 전부다 우리가 흔히 화교라 부르는 중국 본토 교민들에 의하여 운영된다고 보면 된다.

학교 폭력예방에 관련된 얘기를 하다가 갑자기 중국집 타령을 하는 이유는 인천이라는 지역을 설명하기 위해서다. 인천 같은 항구도시들은 현대사회 알짜배기만 가져다 놓은 축소판 역할을 한다. 급속한 경제성장과 그보다 더 빨리 진행되는 세계화 물결. 빈부 격차가 만들어 내는 빛과 그림자. 그리고 꺼질 줄 모르고 타오르는 교육열까지. 전 세계 어느 곳을 막론하고 이런 현상에 제일 민감하게 반응하게 되는 곳은 그 나라, 혹은 지역 항구 도시다. 그 나라의 수도보다도 말이다. 그래서 어느 국가건 그 나라 범죄조직들은 그 뿌리를 항구 도시에 둔다. 이탈리아의 마피아는 시칠리아에, 삼합회는 항구 국가 홍콩, 일본 야쿠자 또한 서남이나 동북을 막론하고 해안 지역을 거점으로 수도나 다른 대도시로 진격한다.

그런 지역에는 자연스럽게 물질만능주의가 판을 치게 되고, 그를 상쇄할 만한 도덕적인 의식은 약해진다. 무엇보다, 어른들이 행하는 범죄는 청소년들에게 큰 영향을 미치게 된다. 항구도시에서 일어나는 현상은 들불처럼 내륙으로 퍼진다. 그래서인지, 나는 이러한 현대사회 병폐가 미치는 영향을 한 시 빨리 포착하고, 한 발 빨리 움직일 수 있었다고 생각한다. 혹자는 '범죄는 제한된 소수에게만 적용되는' 남 이야기라고 생각할지 모르겠다. 하지만 나는 굳이 범죄자, 혹은 청소년 범죄자들 이야기만을 다루고자 하는 게 아니다. 점진적으로 부패하기 시작하는 현대 사회의 문제가 청소년들에게 주는 전체적인 영향, 더 나아가서 집단 무의식 자체를 문제 삼고자 한다.

　물질만능주의가 무엇인가? 오로지 물질만이 인생의 해답이요, 성공을 가늠하는 기준이 된다는 뜻 아닌가? 거리에 이러한 물질 만능, 인간 경시 풍조가 만연한 가운데 아이들이 있는 곳 또한 이 거리다. 그래서 나는 학교뿐만 아니라 거리에 나와 있는 아이들에게 또한 공평하게 '한 명의 사부' 역할을 해 주어야겠다고 결심했다.

　물질은 꼭 필요하다. 잘 쓰면 사람을 경시하거나 죽이는 것이 아니라 존중하고 살리게 된다. 그리하여 나는 내가 가진 물질을 '짜장데이'라는 행사를 통하여 나름 유익하게 사용하기로 결심했다. 재미있는 운명의 섭리였는지, 인천 지역에 맛있는 짜장면을 파는 곳이 많았다. 무척 좋았다. 물론 서두에서 말한 대로 아이들이 짜장면만 시키지는 않는다는 무시무시한 진실을 제외하고 말이다.

　이 책을 통해 나에게 얻어먹었던, 그리고 앞으로도 부지런히 얻어먹을 어린 친구들에게 말하고 싶다. 탕수육까지는 이해가 가는데 유산슬이나 양장피 같은 아저씨 음식 맛은 어찌 그리 빨리 깨우쳤니, 너희들은. 그런 것을 시킬 때는 내 주머니 사정도 고려해 주라. 하지만 그런 거 사먹을 돈 번답시고 절대로 이상한 알바나 친구들 돈 뺏는 일일랑 꿈에서도 꾸지 마라. 그리고 어떤 돈이 되었

애들아,
그래도
사랑한다

아이들은 거리에서 외롭다.
또래들끼리 함께 모여
아무리 즐거운 시간을 보내고 있어도 말이다.
그들은 끊임없이 자기들을 인도해 줄 어른을 찾고 있다.
나는 짜장데이를 열어 주는 어른들이 더 많아지기를 소원한다.

건 친구들끼리 모여서 술 마시고 담배피면서 먹지도 말고! 그럴 바에는 차라리 나한테 전화해서 사달라고 하렴. 많이 시켜 먹어도 되니까 말이다. 대신 나중에 너희들이 청소년을 보살펴 줄 수 있는 어른이 되었을 때 너희 또한 그들에게 짜장데이를 열어 주렴. 그게 나한테 얻어먹은 걸 갚을 수 있는 가장 좋은 길이니까 말이다.

나는 이 사천왕들이 두 명도 아니고 세 명도 아니고 네 명 모두 벌떡 일어나 먹으러 온다는 동백루가 참 좋다. 이곳에서 청소년들의 이야기를 들어주고 집으로 돌려보내는 일을 많이 했기 때문이다. 네온사인이 휘황찬란한 인천 유흥가에 있는 곳이지만 아이들과 내게는 우리를 보호해 주는 장막과도 같은 곳이 되었기 때문이다. 아이들은 거리에서 외롭다. 또래들끼리 함께 모여 아무리 즐거운 시간을 보내고 있어도 말이다. 그들은 끊임없이 자기들을 인도해 줄 어른을 찾고 있다. 어른 자체가 싫어서 도망갔다기보다 그들을 이해해 주는 어른들을 찾아 떠났다니 이게 얼마나 큰 모순인가! 나는 짜장데이를 열어 주는 어른들이 더 많아지기를 소원한다. 꼭 탕수육을 사 줄 필요도 없고 유산슬이나 양장피를 사 줄 필요는 더더욱 없다. 그저 맛있는 짜장면 한 그릇을 앞에 놓고 그들의 얘기를 들어 주는 것만으로도 정말 많은 것이 바뀐다.

| 애들아,
| 그래도
| 사랑한다

1980년대 중반에 일어났던 안타까운 사건이 있었다. 두 아들을 혼자 키우며 어렵게 살아가던 한 아버지가 있었다. 그에게 어느 날 그냥 생긴 돈, 즉 '공돈' 5천 원이 생겼다. 지금으로 치자면 한 3만 원 정도다. 그는 그 돈이 생겼다는 기쁨을 안고 집으로 향했다. 아이들에게 짜장면을 사주겠다는 작지만 알찬 계획을 세웠던 찰나였다. 현재 3만 원 정도이니 짜장면 세 그릇에 탕수육까지도 너끈할 터였다.

그런데 귀가하던 길에서 우연히 친구를 만나게 되고 그들은 그 돈으로 술을 마셨다. 술에 취해 집에 돌아온 가장은 돈을 날렸다는 느낌에 기분이 매우 나빠졌고, 사소한 문제로 자식들을 혼내고 나무랐다. 점점 분을 이기지 못한 아버지는 아이들을 심하게 때리기까지 했다. 그의 인생에서 처음 있는 일이었다. 두 아들은 바로 집을 나가 강변을 배회했다. 그리고 너무 갑작스러운 아버지의 폭력과 자신도 모르게 가출했다는 죄책감에 시달리던 장남이 충동적으로 강에 투신하고 말았다. 동생은 형을 구하기 위해 강물에 뛰어들었다. 하지만 두 아들 모두 세상을 떠났다.

사건 경위를 묻는 과정에서 아버지는 하염없이 눈물을 흘리며 이 말만 중얼거렸다고 한다.

"그 돈으로 그냥 애들 짜장면 사 줄걸. 사 줄걸……."

3만 원. 그 소중한 물질이 만들어 준 쫄깃한 짜장면 세 그릇에 김이 모락모락 피어나는 탕수육을 앞에 두고 즐겁게 웃는 가족을 상상한다. 물질은, 약으로 쓰여야지 독으로 쓰이면 안 된다.

많은 사람들이 작년에 발생했던 신촌 창천동 살인사건을 기억할 것이다. 10대 세 명이 (그중 두 명은 직접 살인했고 한 명은 망만 보았으나 확실한 공범이다) 대학생 한 명을 40여 차례 흉기로 찔러 사망케 한 사건이다. 10대 범인 세 명은 모두 다 온라인 커뮤니티에서 만난 친구 사이였다. 이들은 모두 외톨이였다. 그래서 난생 처음 진심을 나눌 수 있었던 그 공동체가 굉장히 소중했다. 그래서 이들은 살인이라는 범죄를 저지르는 데 어떠한 주저함도 느끼지 않았다.

나중에 경찰에 의해 검거된 이후 재판을 치르는 과정에서도 이들은 거대한 사회적 분노를 일으켰다. 뉘우치는 기색이 전혀 없었기 때문이다. 그리하여 그들은 1심에서 10대로서 받을 수 있는 법정 최고형인 징역 20년을 선고받았다. 그들의 친부모를 포함한 대한민국 거의 모두가 이들에게 분노하고 있을 때, 한 여형사를

애들아,
그래도
사랑한다

위주로 한 경찰관계자 몇 명만이 이들의 깊은 이야기를 들어보려고 노력했다.

아이들은 처음에는 비뚤어진 영웅심리나 피해의식 때문에 진심을 털어놓지 않았다. 하지만 그 여형사와 관계자들은 끊임없이 인내하면서 그들의 이야기를 들어 주었다. 학생들은 그러한 태도에 감화되어 범인이 아닌 한 아이로서 점차 속내를 드러내기 시작했다. 그리고 그러한 이야기에 성실하게 귀 기울여 주던 경찰관계자들로 인해서 진심으로 잘못을 뉘우치기 시작했다. 그러면서 비로소 처음으로 어른들에게 감사하게 된다.

"우리 세 명 모두, 이야기를 들어 주는 어른이 아무도 없었습니다. 친해지게 된 계기도 그거였습니다. 우리들의 이야기를 들어 주서서 너무나 감사합니다."

무엇과도 바꿀 수 없는 소중한 한 사람의 생명을 뺏은 그들은 단연코 죗값을 치러 마땅하다. 이는 명백한 사실이다. 하지만 그들이 그런 일을 벌이기 전에 어른들이 고민을 진지하게 들어 주었다면 결과는 충분히 달라질 수 있었다. 나는 이 글을 읽는 어른들에게 한 가지만 당부하고 싶다. 무언가를 제시하지 못해도 좋으니 최소한 그들의 이야기를 들어 보기라도 해 달라는 부탁이다.
 이제 짜장데이에서 만난 아이들에 대한 이야기를 풀어놓으려고 한다.

3
네 부모는 네 부모고
너는 너다

어느 날 밤, 긴급한 전화가 왔다. 오랫동안 알고 지낸 아이들 중 하나였는데 그중에서도 특히 가정환경이 매우 좋지 않아 걱정이 많이 되던 녀석이었다. 그런데 이 녀석이 갑자기 이제 자살할 거라며 마지막으로 사부님 목소리 듣고 싶어서 전화를 했단다. 이제 열 몇 해 산 녀석이 얼마나 힘들었으면 그런 생각을 할까? 기가 막혔다.

"야 인마, 헛소리 말고 맛있는 거 사 줄 테니 지금 나와. 당장 사천왕이 무덤에서 벌떡 일어나 먹으러 온다는 동백루로 와라. 아니

부모는 부모고,
나는 나다.

다. 어디야? 사부님이 데리러갈게. 뭘 하든 사부님이랑 얘기는 해봐야 되지 않겠냐?"

동백루에서 바다 용왕이 직접 골라서 올려 보냈다는 해산물로 만든 짬뽕탕이랑 너무 바삭해서 앞니가 부러져도 몰라요 찹쌀 탕수육을 앞에 두고 우리는 이야기를 시작했다.

녀석의 어머니는 10대 시절 한 젊은 남자와 사랑에 빠졌는데, 알고 보니 불행히도 가정이 있는 유부남이었다. 어머니는 그가 종적을 감추고 잠적한 뒤에야 임신했다는 사실을 알았다. 10대에 아이를 출산하는 일은 여건상 거의 불가능에 가까웠지만 어머니는 소중한 생명을 버릴 수 없어 홀로 아이를 낳았다.

홀몸으로 아이를 길러낸 어머니는 나중에 새아버지를 만나 결혼을 했다. 하지만 사사건건 아들과 부딪혔다. 결국 아들과 양아버지, 이 두 사람은 주먹다짐까지 했고 새아버지는 폭력행위로 구속되었다.

힘든 일을 하느라 고단한 가운데, 일찍 얻은 아들과 새 남편에게 동시에 신경 써야 하는 어머니 입장도 수긍이 된다. 끊임없이 소외감을 느꼈을 아이의 입장도, 자기 혈육이 아님에도 불구하고 노력했을 새아버지 입장도 이해할 수 있다. 하지만 각자 처해 있는 상황 자체가 매우 힘든 현실이라, 쉽게 해결책이 제시되지 않았던 터였으리라. 나는 녀석에게 말했다.

"네 부모는 네 부모고 너는 너다. 네가 너의 부모님 그림자도 아니고, 부모님도 더 이상은 너만을 위해 살 수는 없는 노릇 아니냐."

한국은 다른 나라에 비해 유년시절 때 만들어진 부모자식 관계가 서로의 인생에 오랫동안 영향을 미치는 문화권이다. 그렇지 않아도 심리적·현실적으로 거부할 수 없는 힘을 지닌 유대관계인데, 그것이 더 강하고 끈끈하니 얼마나 중요한가? 이 관계가 동화 속에서처럼 아름답고 완벽하다면 좋을 텐데 그것은 이루어지기 어려운 소망일뿐이다.

부부나 연인 간 사랑과도 비교할 수 없을 만큼 큰 사랑으로 묶여 있는 부모자식지간이라도 사람인 이상 작고 큰 갈등을 겪고 살 수밖에 없기 때문이다. 특히 다양한 형태의 가정이 존재하는 지금 대한민국에서는 더더욱 그렇다.

이번 문제도 그랬다. 녀석은 모든 기준을 자기 어머니 혹은 새아버지에게 두고 있었다. 자신의 뿌리 혹은 자기를 인도해 주는 어른들을 관심 있게 지켜보는 일 자체는 좋다. 하지만 그들에게서 부정적인 모습을 발견했다 하여 자식 스스로도 그 나쁜 면을 답습해서는 안 된다. 사랑하기 때문에 닮는다는 얘기를 하는 사람들도 있는데, 진심으로 부모를 사랑한다면 좋은 면만을 닮으려 노력해야 하지 않을까?

보통 가정에도 이런 문제는 있다. 한 여학생이 있었다. 그 아이는 성실한 부모님 슬하에서, 소위 '정상적인' 가정에서 태어나고 자랐다. 딸이 청소년기를 지나면서 아버지와 한 가지 부분에서 갈등을 일으키기 시작했다. 바로 남자친구 문제였다. 대한민국에서 딸 가진 아버지들은 십중팔구 딸이 남자친구를 사귀고 싶어 할 때 못마땅하게 생각한다. 그렇게 심하게 반대한 것이 아니었음에도 불구하고 이것이 딸의 마음을 무겁게 짓눌렀는가 보다.

어느 날부터인가 부모님 몰래 아버지와는 다른 형편없는 남자들만을 만나기 시작했다. 부모님이, 특히 아버지가 좋아할 만한 성실하고 좋은 남자들은 절대 만나지 않았다. 일부러 악질적인 놈들만 만나더니 급기야 큰일이 났다. 나이도 많고 평생 무직인데다가 섹스 중독 성 범죄자를 만난 것이다. 그 범죄자는 몰래 이 여자애의 사진이나 동영상을 촬영하고 자기 친구들과 함께 윤간까지 했다. 나중에는 협박까지 당했는데 그 굴레에서 벗어나기가 너무 어려웠다. 결국 여성청소년계로 도움의 전화를 걸어왔고, 나는 아이에게 대체 왜 좋은 남자들은 피해 다녔느냐고 물었다.

"기왕 남자 친구를 만들려면 널 아껴주고 보살펴 줄 좋은 녀석을 만나는 게 옳지 않았겠어?"
"아빠가 싫어서요. 내 맘대로 남자친구도 못 만나게 하니까 더 삐뚤어져 아빠를 화나게 하고 싶었어요."

아버지에 대한 원망 때문에, 복수심 때문에 더 어둠속으로 빠진 것이다. 일부러 아버지처럼 성실한, 아버지가 좋아할 만한 남자아이들은 더 피했다고 한다.

안타깝게도, 성매매의 길로 접어들거나 성적인 핍박을 당하는 여러 여학생들이 이와 비슷한 배경을 갖고 있다. 문제 가정이나 해체 가정에서 자라난 아이들 말고 정상적인 가정에서 남부럽지 않게 살았던 아이들 말이다. 이 얼마나 어이없는 결론인가! 부모는 부모고 나는 나다. 이게 다 지나치게 왜곡된 영향을 받은 결과 아니겠는가?

유년기를 지나 청소년기로 접어든 아이들에게 꼭 당부하고 싶

애들아,
그래도
사랑한다

다. 청소년기는 어른의 첫 계단인 청년기를 준비하는 단계다. 그렇다고 빨리 청년이 되라는 이야기는 절대로 아니다. 학창시절에 마땅한 양육과 보호를 받아보지 못하면 평생 큰 문제들이 일어나기 때문이다. 그래서 청년과 다른 청소년이라는 단어를 쓰는 것 아니겠는가?

그러나 부모님과의 문제가 있다면 소년처럼만 생각해서는 안 될 일이다. 엄연히 소년이 아니라 '청'소년이기 때문이다. 부모의 배경대로, 부모의 성격과 행동대로 따라다니는 부속물이 아닌 독립된 인격체라는 사실을 잊지 말기를 바란다. 그렇지 않는다면 자기 스스로 만들어낸 문제들마저 평생 남 탓만 하는 사람으로 자라고 만다.

70대, 80대에 접어든 노인들도 경찰서에 피의자로 잡혀 오는데 진술을 받다 보면 다른 나라 범죄자들에 비해 유독 한국 사람들이 남 탓, 특히 부모 탓을 심하게 한다. 이는 정말 심각한 사회문제라고 부를 수밖에 없다. 잘못의 원인을 다른 사람에게서만 찾고 그들이 책임져야 한다고 생각하는 어른들은 나이만 들었을 뿐 몸집만 커다란 아이나 마찬가지다.

다시 자살하겠다고 전화했던 아이 얘기로 돌아가 보자. 몇 시간의 대화 끝에 녀석은 결국 자기 인생을 꾸려나갈 주체가 바로 자신이라는 사실을 깨달았다. 그러고 나더니 더 이상 자살이니 뭐니 하는 소리는 꺼내지도 않았다. 왜냐하면 스스로 걸어서 앞으로 나아갈 두 다리가 있음을, 독립적인 사람이 될 수 있음을 마음에 새겼으니 말이다.

"사천왕이 동백루가 맛있어서가 아니라 네가 변한 모습이 놀라워서 벌떡 깨겠다."

녀석은 환한 웃음을 보였다.
가정에 불화가 있고 환경이 나빠도 이렇게 생각하면 조금이라도 힘이 날 것이다.

'부모는 부모고, 나는 나다.'

하늘을 보며 고민도 다 잊어버리고 숨을 한번 크게 들이 쉬어라. 가슴을 한번 쭉 펴라. 그리고 즐거운 일이 없어도 크게 한 번 웃는 거다. 부모와는 다른, 나만 아는 기쁨이 내 앞의 생에 가득할 거라는 희망을 가지고.

애들아,
그래도
사랑한다

부모는 부모고 나는 나다. 잘못의 원인을 다른 사람에게서만 찾고 그들이 책임져야 한다고 생각하는 어른들은 나이만 들었을 뿐 몸집만 커다란 아이나 마찬가지다.

4
비난만 하지 말고 들어주세요

　신촌 창천동 살인사건 이야기를 다시 조금 더 해 보자. 희대의 사건으로 남을 극악무도한 짓을 저지른 아이들. 강력하게 처벌받는 것이 당연하다. 하지만 그 아이들은 태어날 때부터 악마로 태어난 걸까? 아니다. 나는 그들을 악마로 기른 우리 사회 전체에게 책임이 있다고 생각한다.
　살인을 저질렀던 아이들은 자신의 이야기를 들어 줄 어른이 없었고, 어른 앞에서 처음 속내를 털어놓은 장이 경찰 조사실이었다. 생각할수록 서글프다.
　요즘 학교에서는 수업시간 전에 휴대폰을 철저하게 회수해 따로 보관해 놓는다. 살인을 저지른 아이들 중 한 명은 휴대폰을 2개나 가지고 있었다. 하나는 학교 제출용, 다른 하나는 실제 사용하는 기계. 그 휴대폰으로 소외된 아이들이 주로 모이는 오컬트(심령현상 등을 다루는 문화) 카페에서 열성적으로 활동을 하면서 거의 모든 수업 시간을 보냈다고 한다. 경찰조사에서 아이는 이렇게 얘기했다.

"휴대폰을 못 쓰게 하거나, 걷어가는 건 철저히 했어요. 하지만 제가 휴대폰으로 어떠한 활동을 하는지, 무엇에 관심 있는지 물어보는 어른은 아무도 없었어요."

얼마 전, 성인 조직폭력배 3명에 의해 운영되던 여중생 성매매 집단이 발각되어서 사회가 발칵 뒤집힌 적이 있었다. 이때 했던 아이들의 이야기도 가관이다. 자기들이 컴퓨터나 핸드폰을 하느냐 안 하느냐만 눈에 불을 켜고 바라봤을 뿐, 누구에게 협박을 당하는지 어떠한 고민이 있는지에 관해서는 아무런 대처도 하지 않았다는 것이다.

사건의 전말은 이렇다. 조직폭력배들이 가출한 불량여중생들을 협박, 포섭한다. 이들이 학교로 돌아가 또 다른 피해자들을 어

른들에게 배운 같은 방법으로 끌고 온다. 이런 소위 일진 여중생들의 강압행위가 나타나면 그 아이들만 선도한다면서 처벌해버린다. 그 '일진'들마저 먹이 사슬의 중간에 있다는 사실을 모른 채 말이다. 20대 남자들이 또 다른 가출 청소년들을 모아 조직했던 대규모 절도 사건도 같은 구조였다.

공부 안 하는 아이들이 불량한 짓을 하면 그때서야 혼내는, '일이 벌어지고 난 뒤에' 대책을 간구하는 식이었다. 토끼가 한 마리 들판에 나타나면 모든 사람들이 와 하고 떼 지어가는 몰이잡이식, 동네축구식 선도는 근본적인 해결책이 되지 못한다. 어디까지나 사전대책이 아닌 사후대책일 뿐이기 때문이다.

우리가 흔히 탈선 혹은 가출청소년이라고 부르던 아이들이, 어른들에 의해 조종되는 또 다른 피해자가 되어 버린 세상이다. 그래서 선도라는 명목으로 범죄자 쫓듯이 수색하는 시스템을 변화시켜야 한다. 최소한 교육의 장에서는 그래야 한다. 실적 올리듯 잡아들이는 것은 경찰의 몫이지 학교의 몫은 아니기 때문이다. 무턱대고 밤거리를 나오는 것을 발견하고 제지하기보다 왜 이 밤거리로 나오게 되었는지를 먼저 묻는 시스템이 정립되어야 한다.

여기서 소위 비행청소년 혹은 가출청소년을 대하는 질문매뉴얼을 제시하고자 한다.

🌱 "네가 좋아서 한 거니? 아니면 친구나 다른 어른들이 나오라고 했니?"

　겉으로는 껄렁껄렁해 보이는 아이라 할지라도 어디까지나 아이일 뿐이다. 더 강한 어떤 힘에 의해 반강제 혹은 강제적으로 이끌려 왔을 확률도 크다. 이때 이들이 무언가를 숨기는 기색을 보인다면 매우 위험한 상황이다. 만약 아이들이 강압적인 상황을 고백한다면, 학교와 경찰 차원에서 충분히 보호할 수 있다는 확신을 심어 주어야 한다. 그러기 위해서는 좋은 표본이 될 수 있는 사례들을 알고 있어야 한다.

　한 아이가 나에게 도움을 요청한 적이 있었다. 처음에는 도움을 요청하는 것이 아니라 자꾸 이런저런 법적인 문제를 묻는 것으로 대화가 시작됐다. 가만히 들어보니 어떤 어른들이 이 녀석에게 범죄 혐의를 덮어씌우려고 계획한다는 느낌이 들었다. 그래서 '어른이라면 이렇게 구슬렸겠구나.' 하는 방법들을 머릿속에 이리저리 떠올려보았다. 그리고 이 친구가 그 내용들을 고백하게끔 유도했다. 주의할 점은, 절대로 강압적으로 물어봐서는 안 된다는 사실이다. 그렇게 되면 아이들은 어른보다 훨씬 빨리, 그리고 크게 겁을 집어먹고 사실을 숨기거나 거짓말을 한다.

애들아,
그래도
사랑한다

그 아이의 경우 어른들이 훔친 오토바이를 아이가 한 짓으로 꾸미려고 했었다. 그래서 아이들이 쉽게 알 수 없는 엔진조작기술 등에 관해서 물어봤더니 밑천이 드러나고 말았다. 면밀하고 우회적인 방법들을 사용해서 부드럽게 진실을 이끌어내야 한다. 친구를 보호하려고 입을 다물고 있는 경우에는, 절대로 그것은 보호가 아님을 주지시켜주어야 한다.

"너나 다른 친구들을 끌어들임으로 인해서 그 애는 더 큰 죄를 짓게 되는 것뿐이야. 일이 더 커지기 전에 막아야 돼. 이 단계에서는 그렇게 문제가 크지 않아. 지금 막지 않으면 그때는 돌이킬 수 없게 되잖니?"

이때 주의할 점이 있다. "그 녀석은 너를 이용할 뿐이야."라던가 "너를 친구로 생각해서 이런 짓을 하는 게 아니야." 등의 발언은 절대 해서는 안 된다. 많은 부모나 교사들이 이 대목에서 큰 실수를 저지른다. 그렇게 되면 아이들은 의협심에 사로잡혀 어른들의 말이 틀렸음을 증명하려고 애쓴다. 또한 본인 의지가 아님에도 불구하고 순전히 반발심 때문에 그것이 자기들 스스로 원해서 벌이는 일이라 착각한다. 이는 자발적인 주동자나 중간책을 한 명이 아닌 여러 명으로 확대 생산하는 어처구니없는 결과를 낳는다.
　한번은 절도사건이 접수됐다. 청소년 절도단이 벌였을 일임이 분명한 사건이었다. 나는 어떤 아이들이 그 일을 했는지 짐작했다. 하지만 무작정 수갑 차고 권총 들고 경찰차 사이렌 울리며 검거하러 가는 대신 중간책이었을 아이에게 전화를 걸었다.

"야, 너 혹시 ○○사건에 대해서 아는 것 있어?"
"아니요. 전혀 모르겠는데요."

　당연히 그 아이는 처음에는 끝까지 잡아떼려 했었다. 하지만 나는 참을성을 갖고 아이를 차분히 아이를 설득했다.

"야, 인마. 네가 의리 있는 놈이어서 걔네들 감싸 주려는 거 알고 있어. 지금 다른 애들은 장물아비한테 물건 팔러가고 있지? 야, 그거 팔아 버리는 순간, 완전 절도되는 거야. 지금이라도 돌려주면 물건 주인이 좋게 합의해 줄 수도 있잖아. 그러니까 일이 더 커지기 전에 여기에서 멈추자."
　결국 아이는 장물을 팔기 위한 곳을 이야기했고 그 무리들이 더 큰 처벌을 받을 만한 행동을 벌이기 전에 사건을 마무리 할 수 있

애들아,
그래도
사랑한다

었다.

 만약 그때 내가 쉽게 분노했더라면 어땠을까? 사건을 해결하고 픈 급한 마음에 아이까지 공포에 질리게 만들었으면 어땠을까? 아이들은 빨리 장물을 팔고 도주했으리라. 그리고 도주하거나 숨는 과정 중에 어떠한 추가 범죄가 일어났을지 아무도 모르는 일이다. 거짓말 하나가 더 큰 거짓말을 부르듯, 죄 또한 산불처럼 퍼지는 녀석이기 때문이다.

 이렇듯 아이가 지닌 좋은 점을 높이 사서 착한 면이 발동되게 만듦과 동시에 '여기에서 평화롭게 멈출 수 있다'는 안정감을 주어야 한다. 경찰이건 교사건 학부모건 어른이라면 다 마찬가지다. 겁에 질리고 반항심에 의기충천해 있는 아이들과 똑같이 당황하거나 경악하면 안 된다.

 "놀고 싶어서 나온 거니? 아니면 알바나 뭐 생각한 게 있어서 나왔니?"

 일찍 어른들의 세계에 발을 들여놓은 아이들에게 할 수 있는 질문이다. 아이들이 반항심에, 혹은 흥청망청 쾌락을 즐기기 위해서만 유흥가로 나왔다는 선입견을 가지면 안 된다. 물론 청소년들이 일찍 학교를 떠나 사회에 나오는 것이 옳다는 주장을 하려는 것은 아니다. 청소년기에 최대한 배움을 얻은 아이들이 나중에 사회에 나왔을 때 올바른 일원이 되기 때문이다.

하지만 해체가정이라는 어쩔 수 없는 벽에 둘러싸인 애들은 다른 아이들보다 한 시 먼저 이 냉혹한 현실에 발을 담글 수밖에 없다. 그들은 본인의 의지와 무관하게 갈림길에 선 것이다. 더욱더 밝은 방향으로 나아갈지, 아니면 어둠 속으로 빠질지. 이들에게 탈선, 불량, 가출 등의 부정적인 낙인을 찍어 분류한다면 크게 상처입고 진짜 잘못된 길로 가고 만다.

경제적인 어려움이 어느 정도인지, 학교생활과 병행할 수는 없는지를 먼저 진단하고 해결책을 제시해야 한다. 많은 대학에서 생활보호대상자들을 위한 입학전형도 있다는 사실도 알려 주고. 대학을 진학하지 않고 사회로 나간다 할지라도 여러 다양한 길들이 있음을 가르쳐 주어야 한다. 선도보다 정보를 먼저 제공해야 된다는 말이다.

아직은 미비하지만, 가정환경이 어려운 고등학교 졸업자들이 기술을 수습해서 어엿한 사회인으로 취업할 수 있는 시스템들이 늘어났다. 요즘에는 학교와 기업이 연계에서 여러 가지 취업방법들을 강구하고 있다. 아이들이 학교에서 인성과 기본소양을 길러

오면 기업이 적절한 인턴십을 제공하는 것이다. 하지만 많은 학부모들이, 그리고 아이들이 이런 활로에 관하여 무지하기 때문에 더욱더 큰 심리적 절망에 빠진다고 한다. 정말 안타까운 일이다.

> "평소에 이렇게 화장하고 어른스럽고 예쁘게 꾸미는 걸 좋아하니? 아니면 남자친구나 다른 남자들이 원해서 그러니?"

매우 조심스러운 질문이다. 요즘 여학생들은 사춘기만 지나면 거의 완전한 숙녀가 되어 버린다. 그래서인지 자기보다 나이가 더 많은 남자들과 어울리는 경우가 잦아졌다. 그리고 조숙해진 정신과 육체 때문에 남자들 또한 그 아이들을 성적대상으로 보는 경향이 말도 못하게 높아졌다.

그런데 여기서 우리는 사회에 존재하는 이중적인 면을 보게 된다. 이런 인간말종 같은 성인남자들뿐만 아니라 가장 고매하다는 매스컴, 교육계, 더 나아가 정치계까지 이 아이들을 은근슬쩍 여자로 보고 있다는 모순 때문이다. 억울하게 조종당한 피해자가 아니라 자기 성적 결정권을 지닌 여성 말이다. 이는 매우 무지한 생각이다.

왜 미성년자와 합의하에 성관계를 가져도 성범죄가 되는 것인지 생각해 보았는가? 아직 성적 자기결정권이 부족하다고 전문가들이 판단한 나이이기 때문이다. 자기 결정을 못한다는 것은 다른 사람 영향이 그만큼 중요하고, 때로는 치명적이라는 뜻 아니겠는가? 그렇다면 야시시한 옷을 입고 화려한 화장을 한 여학생 자체에 집중할 것이 아니라 그녀를 둘러싼 환경을 면밀하게 살펴보아야 한다. 어떠한 동성 친구가 있는지, 그 친구가 혹시라도 누군가의 사주를 받아서 이 아이를 꼬이지는 않았나, 꼬인 친구 또한 가해자가 아닌 또 다른 피해자가 아닌지 말이다.

조직폭력배들에 의하여 운영되던 성매매 조직에 속한 여중생들과 성관계를 했던 남자들 이야기를 들어보면 가관이다. 하지만 깨달을 바가 분명하다고 생각했다. 많은 남자들이 그 소녀들이 미성년자인 걸 몰랐다고 한다. 변명하려고 거짓말하는 놈들도 있겠지만 진짜 억울하게 몰랐던 놈들도 있을 수 있다. 왜냐하면 170cm가 넘는 키에 어른들이 입는 옷과 화장품을 쓰면 알아보기 힘들기 때문이다. 하지만 이 아이들을 가정, 학교, 동네에서 아는 사람들은 그런 변명을 할 수 없다. 분명한 징조가 있었는데도 무심히 지나쳐버리거나 "어휴, 쟤는 원래 저런 날라리니까."라면서 혀를 찼다는 이야기니까 말이다. 자신도 모르게 보호가 아닌 비판, 혹은 비난의 눈길로 바라본 것이다.

> 🌱 "이 일들이 좋아서 나왔니, 아니면 이곳 빼놓고 있을 곳이 없어서 그냥 나온 거니?"

아이들이 정말 갈 곳이 없다. 학교 밖으로만 나가면 온통 어른들 세상뿐이다. 현 정부는 집권초기 스쿨존과 관련된 입법을 확대, 강화하겠다는 방침을 발표했다. 크게 환영할 일이다. 부디 형식적인 차원에서 끝나는 캠페인이 아니기만을 바랄 뿐이다. 어른뿐만 아니라 아이들도 함께 공유할 수 있는 물질적·시스템적 활동 범위가 보장되어야 한다.

어른들 세계와 청소년 세계가 조금 더 구분되어야 한다는 말이다. 최소한 아이들이 뛰노는 체육시설 옆에 불륜카페나 모텔이 들어서서는 안 된다. 단란주점 바로 위에 학원이 들어서게는 하지 말아야 한다. 그리고 무엇보다 학교 바로 건너편에 온갖 클럽과 술집들이 들어서 있는 모양새는 다시 한 번 고려해 봐야 한다.

이러한 지형적·구조적 문제뿐만 아니라 근본 교육시스템 또한 재고해야 한다. 교육 선진국일수록 방과 후 활동에 관한 심사숙고가 철저하게 이루어진다. 그래서 '방과후 활동 After school activity'이라는 단어가 확실하게 정립된 '하나의 개념'으로 자리 잡았다.

이 개념은 1960~1970년대 반전, 히피 문화를 겪으면서 총체적인 교실 붕괴를 경험했던 미국과 유럽이 1980년대에 고도경제성장에 따른 양극화라는 부작용까지 마주친 이후 아픔을 통해 성숙시킨 시스템이라고 한다. 학생들 개개인 특성, 즉 취미와 적성을 고려해서 다양한 분야에 걸쳐 방과 후 활동을 지원하는 일이다.

물론 한국 교육 현실에 적용시키기 매우 어려운 상황임은 누구보다 잘 알고 있다. 학교 수에 비해 턱없이 많아진 학생 수, 주요 과목을 위주로 편성된 입시체제가 너무도 큰 장벽임을 알고 있다. 그렇다하여 방과후 활동 같은 사회적 안전장치가 전무하다는 것은 말이 안 된다.

입시 경쟁에서 도태된 아이들은 모두 실패자 경로를 걸을 수밖에 없다는 냉혹한 논리가 형성되기 때문이다. 그러면 아이들은 결과적으로 밤거리를 전전하며 인생의 가장 소중한 시기를 무의미하게 보내게 된다. 교육 선진국들 방과후 활동은 학교에서 주관하고 지역사회의 인적·물적 도움을 받는 식으로 유지된다. 우리나라도 이러한 논의를 시작해야 하지 않겠는가? 밤거리 말고, 학원이나 독서실 말고도 아이들끼리 있을 곳을 더 만들어 놓아야 한다.

⁵' 범죄자를 꿈꾸는 아이들

나는 여러 방송 프로그램에 출연하며 범죄자를 꿈꾸는 아이들에게 수차례 경고해 왔다.

"현실은 너희들이 가진 환상과 정반대라고 생각하면 된다."

정말이다. 옛날에는 반반이었다면 지금은 정반대다. 나는 영화, TV, 소설, 만화 등지에서 범죄자들을 미화하는 현상이 정말 마음에 들지 않는다. 범죄자를 미화한다는 사실 자체보다 정반대로 그릇된 현실 인식을 심어 주기 때문이다.

몇 년 전 가정집, 가게, 금은방 등을 수십 군데 넘게 턴 전설적인 2인조 강도단이 검거되었다. 일반인들은 잘 모르는 사실이겠지만 교도소에서는 조직폭력배 다음으로 쳐 주는 범죄자들이 강도다. 무언가 멋과 낭만이 있다는 이유에서다. 그래서인지 여러 가지 픽션에서 2인조 강도단의 멋진 우정과 화끈한 액션을 다루기도 한다. 실제로 이들은 범행을 할 때는 천상의 의리라 부를 수 있을 정도로 끈끈한 파트너십을 유지한다. 부모자식보다, 형제보다, 연인보다도 더 서로를 아껴 준다.

두 사람 사이는 사선을 넘나드는 친구이자 전우 관계이기 때문이다. 거기에다가 둘만의 어두운 비밀을 공유하고 있다는 사실에 거의 한 몸 같은 존재가 된다. 이들도 그러했다. 전국을 공포에 떨게 하는 스타범죄단이었으니 그 영웅 심리까지 가세해 얼마나 더 심했겠는가?

이들은 취조 중에도 "다른 날 태어났지만 한날에 죽겠다."라며 서로에게 불리한 증언을 한 마디도 발설하지 않았다.

하지만 얼마 지나지 않아 재미있는 일이 벌어졌다. (편의상 이 둘을 A와 B로 부르자) 금전적인 피해 상황을 조사하던 도중 A, B, 둘 다 서로 몰래 돈이나 귀중품을 빼돌렸던 것이다. A가 망을 보는 날에는 B가 빼돌리고 B가 안방을 뒤지고 있는 동안 A가 서재에

있는 귀중품을 몰래 빼돌리는 식으로 말이다. 이 사실이 밝혀지자 한날에 죽기는 쥐뿔, 서로 경찰서에서 물고 뜯고 싸우다가 지들끼리 죽이게 생겼더라. 두 사람이 다치지 않게 하려고 형사들이 필사적으로 말려야 되는 황당한 상황이 벌어진 것이다. 그래서 누가 묻지 않았는데도 서로의 죄상을 낱낱이 털어놓았다. 그러는 동안에 모든 범죄 행각이 저절로, 그것도 아주 구체적으로 드러나게 되었다.

범죄자들이 갖고 있는 이러한 이중적 행태를 이용하는 방법은 오랫동안 써온 수사기법이기도 하지만 거의 '자연적인 현상'에 가깝다. 이들은 그래도 꽤 버틴 편이다. 보통 범죄단은 잡아다 놓으면 의자에 앉기 바쁘게 서로를 배신하고 고발하기 시작한다. 왜냐하면 자기 자신만큼이나 타락한 상대에게 진정한 존경과 사랑을 느끼지 않기 때문이다. 범죄 조직들 중 가장 끈끈하다는 2인조 강도단이 이럴진대 다른 집단들은 오죽하랴!

홍콩 범죄 느와르에 자주 등장하는 설정이 하나 있다. 서로를 위해 목숨까지 내놓는 범죄인들. 나는 자신 있게 말한다. 남을 위해 목숨을 내놓을 정도로 숭고한 정신을 가진 사람이라면 절대로 범죄자는 될 수 없다고. 그것도 무고한 사람들을 해치는 범죄는 더더욱 저지를 수 없다고 말이다.

혹자는 이렇게 말할지 모른다. 범죄인들만 해치고 죄 없는 사람은 놔두는 범죄인도 있지 않느냐고. 죄송한 말씀이지만, 그건 환상일 뿐이다. 일반인들에게 피해를 주지 않는 범죄조직은 2000년대 현재 거의 지구상에 없다고 봐야 한다.

의리와 낭만이 살아 있었다는 일제 강점기 조직폭력배들에 관한, 신화에 가까운 여러 가지 무용담들을 어느 정도 들어서 알고 있을 것이다. 물론 일본인 야쿠자들이 한국 곳곳을 점령하지 못하게 막은 공은 있다. 또한 최대한 서민들에게는 피해 주지 않으면서 싸움을 할 때는 일대일 맨주먹을 고수하는 등 어느 정도 명분을 지키려는 측면도 있었다.

하지만 실상은 협객이니 호걸이니 하는 신화와는 거리가 멀다. 일본 야쿠자들과 이쪽은 내 구역 저쪽은 네 구역하면서 계산기 두들기면서 보호비를 챙겼다. 게다가 은근한 압력을 넣어 일반인들에게서 공짜 물건과 서비스를 요구하기도 했다. 가뜩이나 먹고 살기 어려운 시대에 공짜 술과 음식을 먹고 연예인을 불러 사적인 자리에서 노래와 춤을 시키는 등 '깡패다운' 행동을 했다. 이러한 현상은 6·25전쟁 이후 더욱 심해졌는데 사업체를 차려놓고 여배우들을 강제로 성상납하게 하고 도심 한복판에서 총을 쏘는 등 폭력의 범위가 넓어졌다.

애들아,
그래도
사랑한다

김태촌, 조양은, 이동제 삼파시대라 불리는 1980년대에는 그러한 '멋진 건달'이라는 허울 아래에 숨어 있던 추레한 탐욕이 드러나기 시작했다. 후배가 선배에게 앞에서는 충성을 맹세하고 뒤에서는 칼을 꽂는 시대가 시작되었고 명분보다는 돈이 우선이었다. 그들이 조직간 전쟁을 벌이는 이유는 단 한 글자, '돈' 때문이었다.

일반 기업가나 서민들에게 온갖 명분을 붙여서 돈을 갈취하기 시작했고, 지금 현재는 허울뿐인 회사를 만들어 사기를 치는 등 폭력조직이라는 이름을 붙이기 민망할 정도의 사기단 수준으로 전락했다. 대놓고 서민들 돈을 뺏을 수 없으니 이젠 이런 기막힌 방법까지 쓴다. 멀쩡하게 잘 운영되는 회사를 인수해서 온갖 경제범죄를 저지른 뒤 소액 주주들의 땀 묻은 돈을 갈취하는 방식 말이다.

그 소액 주주들은 은퇴한 노인, 밭 하나 가지고 사는 농부, 가난한 신혼부부 등 사회적 약자들이었다. 범죄인들을 보며 멋지다, 남자다, 의리다 하는 청소년들에게 묻고 싶다. 이것이 너희들이 꿈꾸는 낭만이냐고.

어느 날 한 아이에게서 펑펑 울면서 전화를 했다. 고등학교 입학하자마자 짱이네 일진이네 으스대면서 아이들 괴롭혀 돈 뺏고 학교 안 나오다가 퇴학 처분을 받은 녀석이다. 얼마나 자존심이 세고 깡다구가 있던지, 누가 무슨 말을 해도 안 먹혔다. 결국 녀석은 한 폭력조직에 '스카우트'되었고 엘리트 건달로서의 삶을 사는 듯 했다. 하지만 이날은 울면서 나에게 빌었다.

"사부님, 사부님 살려 주세요."
"어, 무슨 일인데 그래? 진정하고 말 좀 해 봐."
"사부님 전 죽고 싶지 않아요! 죽고 싶지 않단 말이에요."
"아니 너를 누가 왜 죽여? 무슨 일인데?"
"조직에서 사람을 죽였는데 제가 죽였다고 하래요. 안 그러면 저랑 우리 부모님 전부 다 죽여 버린대요."

이것이 무서운 현실이다. 아직 어린애들에게 우쭐한 공명심을 자극해서 너는 건달이네 뭐네 부추겨 놓고 이런 식으로 쓰고 버리는 것이다. 다행히 내가 경찰이어서 녀석을 가까스로 구출해 낼 수 있었지만 만약 그러지 못했더라면 어땠을까? 섬뜩한 느낌을 지금도 지울 수 없다.

팜므파탈이라는 말이 유행이라고 한다. 미모나 언변으로 남자들을 꼼짝달싹 못하게 해서 자신이 원하는 바를 이뤄내는 나쁜 여자라는 뜻이다. 하지만 현실에서 그들은 어떻게 끝나는가?

한 여고생 앞에 멋진 남자가 등장했다. 그녀가 원하는 외모, 옷차림, 학교, 직업 등을 모두 갖췄다는 남자였다. (물론 나중에 학력, 재산부터 시작해서 모든 것이 거짓이었음이 밝혀졌다.) 이 남자는 고가의 화장품과 옷을 사 주면서 끊임없이 여고생을 유혹했다. 그러면서 진정 멋진 팜므파탈이 되라고 부추겼다. 여고생이 남자에게 완전하게 빠져들었을 때쯤 그는 멋지고 팜므파탈적인 사업을 하나 같이 하자고 제안했다. 고위 인사들을 접대하는 일이었다. 성매매였다. 하지만 남자가 접대하라고 한 사람들은 매너 좋고 돈 많은 신사들이 아니라 미성년자와 하룻밤을 보내겠다는 인간말종들이었다. 결국 여고생은 소위 그 '사업'을 시작한 지 몇 달 만에 아무도 다니지 않는 야산에서 시체로 발견되었다.

아이는 명품 옷은커녕 실오라기 하나 걸치고 있지 않았다. 화장을 예쁘게 했었을 얼굴은 형체도 알아볼 수 없었고 남자가 사 주었던 명품가방은 불에 새까맣게 탄 채 곁에 묻혀 있었다. 나는 여학생들에게 포스터 속에서 빨간 옷을 입은 채 요염한 미소를 지으며 와인 잔을 우아하게 들고 있는 팜므파탈 나부랭이 모습을 한시 빨리 잊으라고 말한다. 현실에서는 아까 그 여고생처럼 비극적인 최후를 맞는 경우가 훨씬 더 많으니까 말이다.

　이렇듯 범죄인을 꿈꾸지 말라는 이야기를 TV에서, 신문에서, 강연에서 하다 보면 가끔 당황스러운 상황을 겪을 때가 있다.

　"조폭이나 성매매 여성처럼 범죄의 길로 빠지게 되는 경우는 소수 아닌가요?"
　"우리 애들처럼 착한 애들과는 상관없는 얘기 아닌가요?"
　"범죄 관련된 이야기가 교육에 있어서 큰 의미를 가질까요?"

　대답을 먼저 얘기하자면 모든 질문에 다 '아니요'다. 그나마 범죄자들에게 일말의 도덕적 한계선이 있던 과거와 달리 지금은 청소년범죄자들이 그대로 성인범죄자로 편입된다. 금전적 이익이라는 기치 아래 범죄양상 또한 프랜차이즈화되었기 때문이다. 그리고 나쁜 아이들보다 착한 아이들이 더 많다는 말은 맞다. 하지만 나쁜 아이가 언제까지고 나쁜 아이고 착한 아이가 언제까지나 착한 아이일까?

　그리고 나는 범죄이야기를 하면서 범죄자들 이야기만 하는 것이 절대로 아니다. 사람의 마음속에 숨은 악한 본성에 관해 다루고자 하는 것이다. 앞서 이야기했던 물질만능주의, 무한경쟁주의

애들아,
그래도
사랑한다

가 현대인들 마음에 잉태시킨 허영과 욕심에 관해서 말이다. 능력과 성실함으로 승부하기보다는 어떠한 형태이던지 지름길을 찾고자하는 속성. 경쟁이라는 명분 아래 다른 사람을 적대적으로 바라보기 시작하는 이기주의.

범죄란, 이런 모든 것들이 극단적인 형태로 드러나는 사건일 뿐 누구나의 마음에 잠재되어 있다. 나 아니면 남이라고 구분 짓는 흑백논리, 무관심이 미덕이라는 삐뚤어진 심리에 관해 함께 생각해 보자. 우리 마음속에 웅크리고 있는 범죄자를 스스로 바라보지 않는 한 그 비극은 절대로 끝나지 않는다.

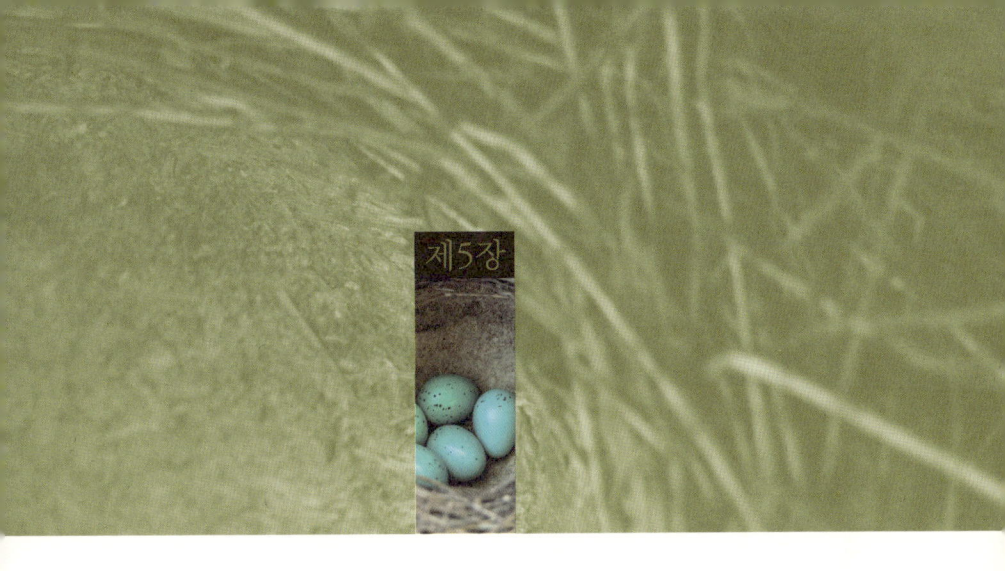

어른들의 잘못이다

1. 이제 학교가 나서야 할 때
2. 더 많은 관심이 필요합니다
3. 일본에서 온 전화
4. 어설픈 선의는 악의가 된다
5. 어른이 막지 못한 범죄

1 이제 학교가 나서야 할 때

학교폭력예방에 관해 인식이 매우 낮았던 20년 전에는 고충이 많았다. 특히 정규수업시간을 이리저리 피해 특강시간으로 짧게 진행되는 경우가 많았다. 쉬는 시간이나 마찬가지인 10분이나 20분만 주겠다는 학교도 있었다. 학교사업설명회가 있으니 빨리 끝내 달라는 독촉 때문에 화를 크게 낸 적도 있다.

분명히 말해 두자면 학교사업설명회가 무가치하다는 이야기가 아니다. 내가 학교에서 하는 강연도 엄밀히 말하면 학교사업의 일환 중 하나이기 때문이다. 내 입으로 학교사업이 무가치하다고 말한다면 내가 하는 강연자체가 쓸모없다는 건데, 누워서 침 뱉기

격이다.

　물론 지금은 사정이 많이 나아졌다. 2000년을 넘어서면서 학교폭력이 심각한 사회문제로 대두되었기 때문이다. 이제는 학교 내 폭력 등 범죄뿐만 아니라 청소년범죄자문제까지 심각해졌으니 오죽 더하랴. 언제나 곱씹어 생각하지만 미리 예방했으면 참 좋았을 노릇이다.

　문제는 아직도 청소년 범죄예방교육이 '과외'활동으로 인식되고 있다는 점에 놓여 있다. 이건 전반적인 다른 인성교육 문제와도 맞물려 있으리라. 중요도를 매기는 순위 자체에서 아직도 밀려 있다는 근본적인 한계 또한 문제다. 시설과 교육 서비스가 더 좋은 학교로 홍보하기 위한 사업정책들에 절대로 밀려서는 안 되는 주제라고 생각한다.

　나는 나를 취재하거나 촬영하는 TV제작진, 기자, 작가들에게 입버릇처럼 이야기한다. 박용호 형사가 무슨 스타처럼 인식되는 현상이 달갑지만은 않다고 말이다. 내가 다니는 강연주제인 학교폭력 및 청소년범죄의 중요성을 청소년들이 실제로 생활하는 학교보다 매스컴에서 먼저 인식한다는 사실은 단연코 나쁜 문제다.

　그 중차대함을 학교에 근무하는 교사들이 먼저 알아주어야 한다. 왜냐하면 학교가 지금 청소년기를 보내고 있는 생생한 주인공들, 학생들이 생활하는 곳이기 때문이다.

　대한민국 어느 기관 어느 상황에서건 발생하는 장소 문제 때문에 특수 활동을 할 수 있는 공간운영에 한계가 있음을 안다. 교사들 또한 제한된 봉급으로 정해진 시간만큼 일하는 생활이다. 그러니 학교 측에서도 가뜩이나 많은 업무에 또 다른 일을 얹어서 마음대로 부릴 수는 없는 일이다. 하지만 학교폭력과 청소년범죄는 모든 교육근간은 물론 사회 뿌리 자체를 뒤흔드는 암세포다. 그래서 조금은 더 많은 시간과 장소를 허용해 줄 것을 간곡하게 부탁한다.

더 많은 관심이 필요합니다

　나는 학교뿐만 아니라 종교단체나 복지단체로 활동영역을 넓힌 지 오래되었다.
　학교는 인성교육이나 학생복지만을 담당하는 곳은 아니기 때문이다. 더 고등교육을 받고 실력 있는 사회인이 되기 위해 실질적인 지식을 습득해야 한다는 점은 엄중한 사실이다. 하지만 종교, 복지, 특히 자선사업단체는 말 그대로 더욱더 복지에 신경 써야 하는 곳 아닌가? 이러한 단체들 또한 거대화·조직화를 겪으면서 긍정적인 변화도 생겼지만 부정적인 면이 있음을 짚고 넘어가지 않을 수 없다.

나는 두 번, 서로 다른 곳에서 '담당자가 바뀌었다는 이유'라는 한 마디를 듣고 크게 놀랐다. 한 곳은 종교단체였고 다른 곳은 자선단체였다. 수많은 긍정적 측면 중에서 부정적이었던 한 가지 시스템만을 꼬집으려고 하는 거니 자세한 단체나 지명을 생략하도록 하겠다.

처음에는 종교단체였다. 시기를 정해 놓고 정기적으로 방문해서 강연을 했다. 그래서 강연시기가 도래하기 얼마 전 꼭 연락을 받았다. "이번에는 몇 월, 며칠, 몇 시로 잡을까요?" 하는 차원에서 이뤄지는 확인전화다. 하지만 강연 준비를 하던 어느 때, '이쯤에서 사전연락이 올 때가 됐는데……'라고 생각하고 있는데 감감 무소식이었다. 그래서 내가 무슨 일인가 확인하기 위해 연락담당자에게 전화를 걸었다. 그 종교단체는 거의 모든 프로그램 담당자들이 성직자인 곳이었다.

"저 학교폭력예방 교육하는 박용호형사인데요, ○○○님 계십니까?"

"아, 네……. 그분은 다른 부서담당이 되셨는데요. 무슨 일이시죠?"

"예. 이번 학교폭력예방 교육시기가 돌아와서요. 언제 가려는

지 여쭤 보려고요."

"아……. 청소년프로그램 담당자께서 바뀌셔서요. 그분께서 하실 의향이 있으신지 여쭤 봐야겠네요."

　이해가 잘 가지 않았지만 '새로운 담당자가 알면 연락이 있겠지.'라고만 생각했다. 하지만 또 다시 연락이 없었다. 나중에 알고 보니 그 담당자는 학교폭력이나 청소년범죄예방보다 더 '중요한' 문제들을 다루는 프로그램을 선정했다고 한다. 아무리 다시 생각해도 이해할 수 없었다. 집단 왕따, 자살, 학교폭력, 청소년범죄보다 더 중요한 도덕적 논의가 무엇이었을까? 물론 종교단체이기 때문에 신앙적 문제들을 더 중요시 했으리라는 쉬운 추측을 할 수 있었다. 하지만 어떤 종교를 막론하고 학교에서 담당하기 어려운 청소년 도덕적 문제에 관심 가져야 한다고 생각한다. 게다가 오랜 기간 해 왔던 일을 담당자가 바뀌었다는 이유로 한순간에 중단해 버리는 행태가 아직도 이해되지 않는다.

　다음은 자선사업단체에서 겪은 에피소드다. 역시 마찬가지로 담당자가 바뀐 뒤 연락이 오지 않았다. 자꾸 이 얘기를 거론해서 낯부끄럽지만 나는 돈을 받고 강연하지 않는다. 그러니 재정적인

애들아,
그래도
사랑한다

우리 아이들에게
더 많은 관심을 가져야 합니다.

문제도 발생했을 리 없다고 판단했다. 종교단체에서처럼 담당자가 '더 중요한 프로그램들'로 일정을 계획했었으리라. 나중에 들어 보니 그 이유가 참 기가 막혔다. 돌봐주어야 하는 '더 소외되고 약한 계층에게로 눈을 돌리기로 했다'는 것이다. 더 소외되었다는 이야기는 더욱 억눌렸다는 이야기인데 온갖 범죄 위험에 둘러싸인 청소년들은 그 축에 끼지 못하는가 보다. 아니면 눈에 당장 보이지 않는 위협과 억압은 문제로도 인식되지 않는 것일까?

구체적인 이유가 어떻든 분명 그 '바뀐 담당자들'은 심사숙고해서 내린 결정이라고 믿고 싶다. 하지만 나는 정말 큰 위기감을 느꼈다. 왜냐하면 이런 상황대로라면 청소년 도덕문제는 어디에 발을 붙이고 교육되어져야 하는가라는 근본적인 질문이 쉴 새 없이 가슴을 두드렸기 때문이다.

서두에서 언급했듯이 이대로라면 서로에게 책임을 떠맡기는 모양새 그 이상도 이하도 아니다. 가정은 학교로, 학교는 또다시 가정으로 가정과 학교는 경찰로 경찰은 또다시 민간으로 그러다 결국에는 종교로, 복지로, 자선사업단체로……. 어른사회가 서로에게 책임을 미루는 동안 그 대가는 어린 아이들이 지게 된다는 슬픈 현실……. 서로가 조금씩만 더 분담하면 안 될까라는 원초적인 질문을 던져 본다.

애들아,
그래도
사랑한다

3 일본에서 온 전화

 나는 오사카에 있는 고등학교는 가도 우리나라에 있는 고등학교로는 강연을 가기가 힘들다. 그 사연을 지금부터 풀어놓으려고 한다.
 일본 재일동포 한인학교는 우리나라에도, 일본 본토에서도 매우 민감한 문제다. 지금은, 서양에서 삼성은 알아도 소니는 모르는 어린 사람들이 많다고 할 정도로 우리나라 경제는 발전했다. 한일 월드컵을 공동개최했으며 일본인들을 포함한 많은 아시아인들이 '자국드라마는 안 봐도 한국드라마는 본다.'라고 할 정도로 문화적으로도 발전했다.
 하지만 역사적 문제, 그리고 아직은 더욱 약자라는 심리적 문제

"피에로 복장이라도 준비해서
갈 사람이 남아 있다는 사실을 잊지 말아주십시오!
공부를 못한다고 아이들 인생을
버릴 수는 없지 않습니까!"

까지 겹쳐서 양국 간 사이가 좋다고 볼 수는 없다. 그러다 보니 한인학교 내에서도, 그리고 그 주변에서도 크고 작은 청소년 문제가 발생할 수밖에 없다.

얼마 전 그러한 문제들을 토로하는 오사카 한인학교 교장선생님에게서 연락을 받았다. 도대체 내 소식이 어떻게 이국땅까지 전해졌는지 의아하고 신기했다. 그리하여 현재는 해외원정(?)까지 준비하고 있는 상황이다. '일본에서도 불러 주는 끝내주는 박용호'라고 자랑하려는 게 아니다. 10대 시절 중 청소년 범죄를 가장 많이 저지르는 연령이 어느 쯤이겠는가? 청소년기 중 몸과 마음이 가장 성숙한 고등학교 때다. 초등·중학교에서는 나를 쉽게 부를 수 있다. 하지만 고등학교에서는 아니다. 왜냐하면 학교를 관할하는 교육청이 다르기 때문이다.

민감한 정치적·제도적 논의는 생략하겠다. 나는 어디까지나 내 전문분야인 교육이나 범죄에 집중해서 말해야 하는 사람이기 때문이다. 고등학교의 경우 더욱 범위가 넓은 자율권이 보장된다. '부속 고등학교'라는 단어를 들어보았으리라. 대학을 설립한 교육재단에 부속되어 있는 고등학교라는 뜻이지 않은가? 그러하다 보니 인성교육을 강요할 수는 없다. 고등학생의 경우, 입시가 가장 중요한 과제이고 교육재단은 그에 따라 운영한다. 내가 걱정하는 것은 고등학교가 더욱더 입시학원화 될 수 있다는 위험에 처해 있다는 현실이다. 언론에서 자주 개탄하는 '공부할 아이들은 앞자리에 앉아서 공부하고 포기한 아이들은 뒤에서 만화 보거나 잠 자는 풍경' 또한 이러한 구도에서 자라나지 않았는가? 그러하다보니 탈선하는 아이들은 어떠한 브레이크도 없이 가속도가 붙어 더 빨리 추락한다.

그렇다고 모든 고등학교에서 인성교육을 등한시한다는 이야기는 절대로 아니며, 그 책임이 학교나 교사에게 있다는 뉘앙스는 더더욱 아니다. 왜냐하면 고교입시학원화는 오히려 학생과 학부모 스스로, 더 나아가 사회가 부추긴 현상이기 때문이다. 그리하여 나는 이 지면을 통해 고등학교 운영을 담당하시는 모든 분들에게 진심어린 호소를 드리는 바이다.

"피에로 복장이라도 준비해서 갈 사람이 남아 있다는 사실을 잊지 말아주십시오! 공부를 못한다고 아이들 인생을 버릴 수는 없지 않습니까!"

애들아,
그래도
사랑한다

4
어설픈 선의는 악의가 된다

이 교육을 담당하면서 본의 아니게 유명세를 치르게 되었다. 내가 꽃미남이어서도 아니고 성인군자나 영웅이어서도 아니다. 이런 일을 하는 사람들이 그만큼 적었기 때문이리라.

이름이 알려지면서 방송이나 기사를 보고 연락해 오는 사람들이 많아졌다. 그중에는 어려운 처지에 있는 아이들을 돕겠다는 개인 후원자들도 많다. 마음의 응원도, 물질적인 지원도 모두 고마운 일이다. 그래서 내가 아는 아이와 결연을 맺어 준 적도 종종 있었다.

하지만 요즘에는 후원하겠다는 사람들과 아이들을 연결해 주는 역할을 하지 않는다. 중간 다리 역할을 하면서 너무나 슬픈 상황을 여러 번 봤기 때문이다.

내가 출연한 방송을 본 사람들은, 처음엔 슬픔과 의협심을 가지고 후원하겠다고 나선다. 하지만 시간이 지날수록, 개인적으로 바쁜 일도 생기면서 그 느낌이 옅어진다. 특히 약속했던 바를 지키지 못하게 된다.

여기까지는 문제도 아니다. 그냥 한 번 자신이 착하다는 것을 증명하려고 동냥하는 듯한 선행이었을 경우, 민감한 아이들은 큰 상처를 입는다. 이미 아픔을 겪었던 아이에게 또 다른 상처를 덧입히는 결과가 벌어지는 것이다.

아이들이 입은 심리적 외상은 그 종류도, 원인도 다양하지만 공통적으로 '신뢰에 관련된 문제'가 끼여 있는 경우들이 많다. 누군가를 믿었다가, 혹은 믿고 싶어 했다가 실망하는 사례들이 잦다. 특히 새롭게 무언가를 시작하려했을 때, 처음부터 좌절을 경험해야 했던 기억들은 치명적이다.

어린 시기에 이미 좌절 속에 파묻혀 살고 있다는 사실 자체가 그 증거 아니겠는가? 인생을 아직 꽃 피우고 있다는 표현을 쓰기에도 무색한 시절에 말이다.

처음에만 웃는 얼굴을 보이는 자선은 이러한 공통적인 상처들을 동시에 후벼 판다. 믿었던 후원자가 어느 날부터 연락을 피하

애들아,
그래도
사랑한다

어설픈 선의는 악의가 될 수 있다.

기 시작하는 시점에서 신뢰는 철저하게 깨진다. 새로운 각오로 공부나 일을 해 보려 하는데 그 '시작' 자체를 상징하는 버팀목이라 생각했던 후원자가 떠난다. 그러면서 아이들은 '아이들답게' 스스로를 탓하게 되고 재기하겠다는 희망은 또 다시 한 번 절망으로 바뀐다. 나는 그런 분들에게는 단연코 이렇게 말하고 싶다.

"어설픈 선의는 결국 악의가 될 수 있다."

차라리 장기후원이나 후견인 역할을 자처하지 않고 단기후원을 결심했다면 얘기는 180도 달라진다. 하지만 책임과 신뢰라는, 가볍게 다뤄질 수 없는 단어들은 입 밖으로 쉽게 내면 안 된다. 아이들에게는 돈보다도 자신의 미래를 저울질할 수 있는 기준으로 삼을 수 있는 주위 환경이 더 무겁게 다가오기 때문이다.

아이들보다 인생을 더 살았다고 섣불리 상담해 주려는 분들 또한 마찬가지다. 상담이란, 그 내용이 전문적이건 아니건 관계없이 진심을 기반으로 이뤄져야 한다. 특히, 상대가 정말 잘되었으면 좋겠다는 애정은 필수불가결한 첫 번째 요소이다. 또한 내 생각만을 이리저리 늘어놓는 것이 아닌 경청하는 자세도 중요하다. 이러한 필수조건들이 충족되지 않은 상태에서 이뤄지는 상담은 그냥 또 다른 잔소리일 뿐이다.

　아이들과의 대화는, 진실하게 이루어지지 않으면 오히려 서로 간에 무겁게 놓인 벽만을 다시 한 번 확인하는 결과를 낳는다. 이 때문에 말 한마디 듣고 말 한마디 하는 것을 매우 조심스럽게 진행해야 한다. 어려움에 처한 아이들은 생각보다 훨씬 빠르고 정확하게 상대가 자신을 어떻게 대하는지를 잘 파악하기 때문이다.

　내가 엄청난 고도의 상담학을 전공하지 않았음에도 불구하고 많은 아이들을 변화시킬 수 있었던 원동력은 이 '진심'에 놓여 있다. 내 자랑을 하려는 것도, 아이들에게 베풀고자 하는 분들의 고마운 마음에 찬물을 끼얹고자 하는 것도 아니다. 단지 살얼음판을 걷는 조심스런 마음으로 아이들이라는 보석을 다뤄 주길 바라는 절실한 마음을 알리고 싶었다.

어른이 막지 못한 범죄

 교육청 공무원들과 크게 마찰을 빚었던 적이 있다. 이유는 안전교육 혹은 보안교육 때문이었다. '범죄 피해자가 되지 않기 위한 지침'을 만들어 중고등학생에게 교육을 해야 한다고 제안했었다. 정말 눈이 번쩍 뜨이는 사실은 피해자가 되지 않기 위한 교육을 잘 시켜 놓으면 가해자도 줄어든다는 통계다. 그 원리는 간단하다. 범행 대상이 적어지고 공략하기 어려워질수록 가해자 또한 충동을 가졌다가도 겁을 집어먹기 때문이다.
 경찰로 일하면서 항상 느껴왔던 바이지만 대한민국은 범죄발생률에 비해 보안의식이 매우 낮다. 의식이 낮은 이유는 지식이 적기 때문이다. 항상 더 강력하고 새로운 범죄가 발생하면 그때서야 사회 전체가 뒤늦게 들썩인다. 내가 하는 활동들을 부분적으로만 이해하는 사람들은 내가 가해자 혹은 가해청소년 위주로 강연한다고 생각한다. 절대로 그렇지 않다. 피해자나 주변에 무관심한 사람들에게 집중하는 강연도 자주 한다.

내가 다시 교육공무원들과 갈등을 빚었던 때로 돌아가 보자. 학교 여학생들만을 골라 성폭행, 살해하는 연쇄살인범이 활동하던 때였다. 범인은 패턴이 아주 판에 박은 듯한 녀석이었다. 다양한 수법이나 대상을 고르지 않는 원시적 형태, 즉 그다지 복잡하지 않는 단순한 놈이라는 뜻이다.

어수룩한 모습으로 여학생들에게 다가가 길을 물어보거나 간단한 부탁을 한다. 그러면 아직 어리고 순수한 학생들은 그를 따라 함정으로 들어간다. 이놈이 어떤 여자 스타일을 좋아하는지, 어떤 식으로 접근해 어디로 끌고 가는지 모두 공식이 서 있었다.

그래서 교육청 고위관계자들에게 여학생들이 있는 학교에 잠깐만의 간단한 보안 교육을 시켜달라고 부탁했다. 꼭 현직 경찰이 이야기하지 않아도 되니까 담임교사들이 조금씩만 시간을 할애해서 피해자가 되지 않는 지침을 설명해 달라는 취지에서였다. 어떠한 반이건 담임이 있고 조례와 종례시간이 있다. 5분, 아니 1분

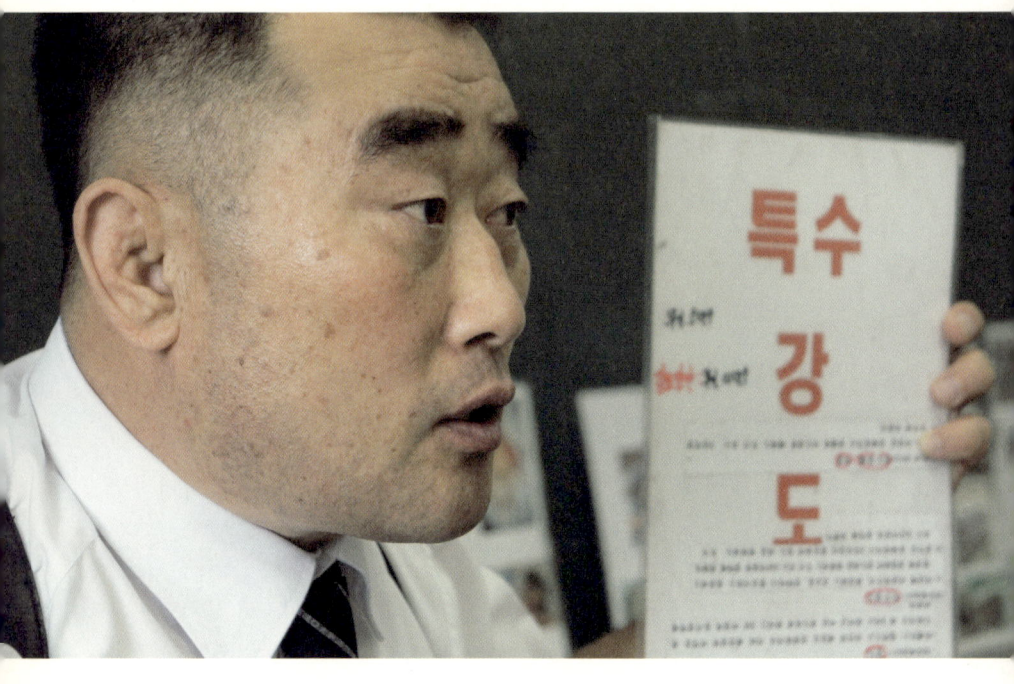

죄에 관련된 지식이 빨간 글씨로
적힌 팻말을 들고 강의할 때
아이들 눈이 휘둥그레지는 광경을
자주 목격한다.
아무도 가르쳐주지 않는,
'몰랐던' 사실이기 때문이다.

만이라도, 한 마디만 해 주면 되었다.

하지만 고위관계자는 각 학교에 의뢰하는 절차가 복잡하고, 무엇보다 교육청은 그런 일을 담당할 의무가 없다며 거절했다. 나는 어쩔 수 없이 발길을 돌려야 했다. 그리고 얼마 후 또 다른 살인사건이 똑같은 범인에 의해 발생했다. 범인이 선호하던 스타일 그대로의 여학생이 정말 허무할 만큼 같은 수법에 의해 희생된 것이다. 나는 분노를 참을 수 없어서 그 담당자와 크게 다투었다.

한국에 현대교육이 출범한 때부터 지금까지 많은 사람들은 입을 모아 걱정해 왔다. 교육은 있으되 교육시스템이라는 것이 없다고. 맞는 말이다. 교육은 여러 가지를 넓은 시야로 아우르는 하나의 시스템으로 통합이 되어야 한다. 하지만 실제 현장에서는 주어진 일만 하는 노예 근성대로 이뤄진다. 나는 TV 쇼에 출연할 때 대부분 여성인 방청객들에게 여러 가지 기습 질문을 던진다.

"택시를 타셨어요. 택시기사가 너무 다정하게 부인하고 통화하는 거예요. 그러다가 기사가 배터리가 떨어졌다면서 전화를 끊어요. 그러면서 당신에게 '와이프랑 정말 중요한 문제 때문에 통화하고 있었는데 끊겼네요. 전화 한 통만 빌릴 수 있을까요?'라고 부탁했을 때 전화기를 빌려 주어야 될까요, 말까요?"

"택시를 탔는데 기사가 도무지 길을 못 찾아요. 그러면서 내비게이션에 주소를 찍을 테니 집주소를 알려 달라네요? 집주소를 알려 줘야 할까요, 말까요?"

"마음씨 좋고 여리게 생기신 할머니가 아들 차에다가 물건을 조금 실어 달라고 부탁을 하네요. 당신은 혼자예요. 도와주어야 할까요, 말까요?"

"당신이 조금 늦은 시간까지 학교나 회사에 있는데 두꺼운 안경을 쓴 낯선 할아버지가 오더니 화장실을 알려 달래요. 그래서 친절하게 알려 줬어요. 그런데 다시 돌아오더니 눈이 어두워서 어떤 표지판이 화장실인지 모르겠다고 하면서 근처까지 동행해 달래요. 어떻게 해야 할까요?"

교육을 조금만 받으면 절대로 넘어가지 않을 원초적인 범행 수법들이다. 하지만 막상 상황이 닥치면 느낌이나 상식에 의해 결정을 내리고 마는 것이 사람마음이다. 같은 죄를 여러 번 저지르는 상습적인 범죄자들의 마음은 일반인들과 다르다. 그들에게는 상식으로는 생각하기 어려운 패턴들이 있다.

애들아,
그래도
사랑한다

방청객들의 대답이 궁금한가? 대부분 많은 사람들이 그런 상황이 왜 위험한 건지 모르겠다고 말한다. 일반상식에 기댄 결과다. 하지만 실제 상황에서 그랬을 경우 치러야 하는 대가는 너무나도 가혹하다. 특히 어린 학생들마저 범죄 피해자가 되는 슬픈 시대에 우리는 살고 있다. 그런 교육이 학교, 그리고 이를 관리하는 교육청 차원에서 이뤄지지 않는다면 누가 알려 줄 것인가?

자신이 자기도 모르게 얼마나 끔찍한 가해자가 될 수 있는지 또한 교육해야 한다. 나는 보안 교육을 시킬 때 한 시간이라는 제한 안에서 가해자편과 피해자편을 나누어 설명한다. 가해자편에서는 여러 가지 죄들이 어떻게 성립하는지에 대한 내용을 다룬다. 내가 꺼내기 어려워하는 김 군 이야기를 하면서 말이다. 그는 죄들이 어떻게 발생하고 경합하는지에 관련된 지식이 전혀 없었다. 전교 1등, 전국 10위 안에 드는 수재 중 수재였는데 말이다.

일반상식선에서 생각하면 별 것 아닐 수 있는 일들이 법적으로는 엄청난 범죄인 경우들이 많다. 길거리에 버려진 듯 방치한 고물 오토바이를 이리저리 수리해서 가져갔다고 치자. 아이들 생각으로, 혹은 상식적으로 생각해 보았을 때에는 고장 난 폐기물을 고쳐서 쓴 정도로 생각할 수 있다. 하지만 이는 엄연히 특수절도행위다.

법적으로 형사상 책임을 져야 하는 나이는 만 14세부터다. 그 사실 또한 아는 아이들이 매우 적다. 친구를 협박해서 "너 내일까지 돈 안 가져오면 너희 집에 불 질러 버릴 거야."라는 말을 던졌다고 치자. 이는 아이들 세계에서는 으레 그냥 던지는 말일 수 있다. 하지만 이는 법적으로는 강박에 의한 공갈, 협박죄다.

실제로 누군가를 때려서 돈을 뺏은 경우는 더욱 그렇다. 이것은 엄연한 강도행위다. 여러 명이서 때리거나 물건을 이용해서 때렸다면 처벌이 가중되는 특수강도죄다. 아이가 다쳤다면 강도상해죄까지 성립된다. 범죄가 밤에 이루어졌다는 추가 정황만으로도 형벌은 더욱 무거워진다.

죄에 관련된 지식이 빨간 글씨로 적힌 팻말을 들고 강의할 때 아이들 눈이 휘둥그레지는 광경을 자주 목격한다. 아무도 가르쳐 주지 않는, '몰랐던' 사실이기 때문이다. 아이들이 이러한 지식을 더욱더 체계적으로 접할 수 있는 교육시스템이 하루 빨리 정립되길 빌 뿐이다.

에필로그

나는 이전에 너희들이었고, 너희들은 나중에 내가 될 것이다

    책을 출간하는 지금, 이제 많은 활동을 마무리 지어야 하는 상황에 놓인 것 같다. 지난 2년간 인천동부교육청에서 뒤돌아볼 틈 없이 열심히 뛰어다녔던 일, 그리고 앞으로 해야 할 일들에 대해 아쉬움으로 크게 남지만 경찰서로 복귀해야 할지 모르는 상황이 된 것이다.

    나는 이 분야에서 이름이 꽤 알려진 교육전달자이기도 하고 국가에서 공인한 청소년 교육지도사이기도 하지만, 내 본연의 직책은 현직 경찰관이기 때문이다. 사실 이러한 역할과 구역의 문제는 오래 전부터 겪어 왔다.

나는 아주 오랫동안 어느 때는 일주일 중 절반은 전라도, 경상도 등 남부지역에서 강연하며 보내고 나머지 절반은 수도권에서 강연하는 일정을 계속해 왔다. 영화, TV 등에서 자주 나오는 너무나 익숙한 풍경 하나를 생각해 보자.

"경찰관은 가능한 해당 관할을 벗어나면 안 된다."

어디까지나 맞는 얘기다. 하지만 문제는 이거다. 이런 교육을 수행하는 경찰관이 한국에 몇 명 없다는 사실이다. 이 강연도 공식적으로는 경찰서에서 주관하는 활동이니 나는 국가 명령에 따를 수밖에 없다. 어디까지나 박용호는 개인사업자도 프리랜서도 아닌, 하물며 민간기관에 속해 있지 않은 '국가 공무원'이니까 말이다. 공무원이니 법을 어기고 다른 지위와 겸직할 수도 없는 노릇이다.

그동안 앞만 보고 달려 온 것 같다. 뒤돌아볼 여유조차 내겐 허락지 않았다. 그랬는데 이제는 지난 인생을 찬찬히 돌아보게 되었다. 얄궂게 생각하면 책을 쓰기에는 더없이 좋은 기회가 아니었나 싶다.

애들아,
그래도
사랑한다

에필로그에서는 나를 '사부'라 부르는 아이들의 변화된 모습과 아이들이 감사한 마음으로 보낸 편지들을 소개하고자 한다. 그러면서 가을바람 쐬며 차 한 잔 얼큰하게 마시는 기분으로 어른들에게 있어서 아이들은 어떤 존재인가, 그리고 아이들에게 있어 어른은 누구인가를 생각해 보고자 한다.

"경위님께 아이들은 어떤 의미인가요?"

사람들이 내게 묻는 질문들 중 가장 자주 묻는 질문이다. 또한, 스스로 가장 중요하다고 생각하는 질문이기도 하다. 형사 생활만 하다가 교육 현장에 처음으로 뛰어 들었던 때에는 그 질문 앞에 서기 두려웠다. 왜냐하면 슬프게도 오랫동안, 아이들과 나는 '범인과 형사'라는 이름으로 만나 왔기 때문이다.

한낮의 따사롭고 밝은 햇살이 비추는 교실 대신 어둡고 조용한 취조실에, 웃음소리 가득한 운동장 대신 구치소 앞마당으로 죄수복 입은 채 호송되는 아이들을 바라보며 가슴 깊이 응어리질 정도로 먹먹한 슬픔을 견뎠었다. 하지만 아이들이 주눅 들어 진술하는 목소리 대신, 분노와 슬픔에 겨워 처벌받는 모습 대신 그들의 환한 미소와 맑은 웃음소리를 들은 후 나는 자신 있게 대답할 수 있게 되었다.

"아이들은, 하늘이 제게 잠시 맡기신 보석들입니다."

아이들은 투명한 개울처럼 맑다. 티 없이 밝게 빛난다. 잘 인도해 주면 더 없이 훌륭한 사람들로 자라난다. 지구상 중 맑고, 빛나고, 무한한 가치를 지니는 물건이 무엇인가? 바로 보석이다. 아직은 원석 그대로 거칠고, '미숙함'이라는 먼지에 가려 그 빛을 다 발산하고 있지 못하지만 어떻게 세공하느냐에 따라 얼마든지 아름다워질 수 있는 최고의 보석들 말이다.

내가 아이들을 보석이라고 부르게 된 개인적인 계기를 고백해 보고자 한다.

형사라는 직함만을 가지고 교육을 논하기에는 무리가 있다고 생각하던 때였다. 그래서 결국 청소년 교육지도사 자격증을 취득하기로 결심했다. 그래서 100% 출제, 100% 합격을 보장한다는 수험서를 모두 구입해 거의 통째로 암기하다시피 달달 외웠다. 하지만 막상 수험장에서 시험지를 받아들고 나니 경악할 수밖에 없었다. 100% 출제는 무슨, 문제가 다 교묘하게 바뀌어서 나온 것이다. 웃자고 얘기하는 후일담이지만 나는 그 책을 출판한 회사에 전화 걸어서 항의하기까지 했다.

"아니, 100% 출제된다면서 왜 문제가 다 바뀌어서 나오는 거요!"
"원래 시험이라는 게 그런 건데요."
"아, 네. 그렇군요."

나는 공부와는 담 쌓고 산 사람임이 맞았다. 정말 토시 하나 바뀌지 않고 그대로 출제될 거라고 믿었으니 말이다. 여하튼 나는 패닉에 빠져 분노 섞인 표정으로 깊은 한숨을 내쉴 수밖에 없었다. 내 반응을 걱정스럽게 살피던 감독관이 찾아와 진정시킬 정도였다. 정말이지, 그때는 눈앞이 새까맸다. 형사업무 강연을 제외한 식사시간과 취침시간을 쪼개 공부했는데 합격하지 못한다면 얼마나 억울하겠는가? 그래서 그 순간 나는 머리털 나고 처음으로 기도라는 것을 해 봤다.

"만약 이 시험을 붙게 해 주신다면 아이들을 당신께서 보내신 보석처럼 귀하게 보살피겠습니다. 저는 이 시험에 절대 합격하지 못한다는 걸 압니다. 그러나 기적이라는 게 있다면 저에게도 보여 주십시오."

나는 매우 간절히 매달리며 기도했다.

"자, 그럼 이제부터 풉니다. 당신 뜻대로 행하여 주십시오. 그러나 이 시험에 꼭 합격하고 싶습니다."

사실 나는 종교가 없다. 종교가 무엇이냐고 물을 때면 나는 '성당 가서는 천주교인이고, 절에 가서는 불교인이고, 교회 가서는 기독교인인 사람입니다.'라고 대답한다. 하지만 그 순간만큼은 겸허하게 절대자 아래에 설 수 있는 기회라고 생각했다. 나는 지금까지 아이들을 어떠한 의미로 생각했는가? 그 답을 이제야 안 것은 아닐까? 반성하고 고백해 보는 고해성사 같은 시간 말이다.

합격에 관한 마음을 비우고 있는 어느 때 전화가 한 통 걸려왔다. 합격했다는 통보였다. 정말 기절초풍 놀랄 만한 일이었다. 나는 내 귀를 의심할 수밖에 없었다. 당시 함께 공부했던 명문대 출신들도 추풍낙엽처럼 떨어져 나갔는데 너무 부족한 내가 이 시험에 합격했다니 정말 믿을 수 없었다. 그래서 나는 신과 했던 약속을 지키기로 했고 그리고 그 이후로 지금까지 아이들은 내게 여전히, 그리고 앞으로도 보석이라는 이름으로 남으리라.

내가 아이들을 보석이라고 부르는 이유는 이들이 꼭 아름답고 뛰어나서 등의 이유에서만은 아니다. 우리 어른들이 꿈꿨던 세상, 희망하던 미래가 곧 아이들이기 때문이다. 그래서 나는 나에게 있어 어른들 또한 보석이다. 단지 더 어린 보석들을 이끌어 줘야 하는 책임이 있는 더 큰 보석들일 뿐이다. 물론 이해한다. 밤거리에서 담배 피워 물고 귀걸이, 코걸이, 문신한 채로 돌아다니는 아이들을 보면 불쾌한 마음에 눈살이 찌푸려지고 무서워서 피하게 되는 그 마음을 말이다.

그런 아이들을 범인, 용의자 등의 이름으로 부르며 잡으러 쫓아다니던 것을 천직으로 여겼던 나는 어떠했겠는가? 하지만 그런 아이들은 어른이 아닌 아이이기 때문에 훨씬 빨리 나빠질 수도 있고 훨씬 빨리 좋아질 수도 있다. 나는 그렇게 변화된 아이들의 마음이 담긴 문자 편지를 소개하고자 한다.

사부님, 늦은 시간에 문자 보내서 죄송합니다. 동부교육청에서 교육해 주신 것 정말 정말 감사드리고요, 제 친구들과 저 앞으로는 보람 있게 하루하루 살아가겠습니다. 지켜봐주세요. 사부님 바쁘신데도 저희 신경 써주신 것 감사드리고요, 앞으로 정말 잘

살겠습니다. 사랑합니다. 사부님 ♥♥♥♥

　이 장문의 문자는 인천 전체에서 소위 일진 조폭 짱이라 불리는 아이가 보낸 편지다. 글에서 그러한 기운이 느껴지는가? 처음 만났을 때만 해도 교사들마저 공포에 질리게 만들던 아이다. 하지만 지금은 순진한 미소와 성실한 태도를 지닌, 내가 너무 사랑하는 제자들 중 한 명이다.
　어떤 사람들은 '에이 그냥 형식상 이렇게 보낸 것 아니야?'라고 생각할 수 있을지 모른다. 나도 처음에는 불안했다. 워낙 '천성적으로 태어난 범죄자'라 불러도 부족하지 않은 무시무시한 친구였기 때문이다. 하지만 그 걱정은 사라졌다. 아까 편지 앞부분에서 '늦은 시간에 죄송하지만'이라는 문구를 통해서 볼 수 있듯이 한참 일진들이 놀고 있는 늦은 시간에도, 그리고 휴일을 포함한 여러 날에 걸쳐 꾸준히 편지를 보냈기 때문이다.
　계속 이 아이를 만나면서 느꼈던 점이지만 이러한 건전한 말투가 원래 그 친구의 본성과 맞는 어투였다. 거친 욕설에 가려져 본래 가지고 있던 좋은 모습을 보여 주지 못했던 그 친구 탓도 크다. 하지만 지나친 편견을 가지고 이 친구를 악하게만 바라봤던 어른들에게도 문제가 있지는 않았는지 우리는 반성해 보아야 한다.

애들아,
그래도
사랑한다

그리고 편지 중간을 살펴보면 '동부교육청'이라는 단어를 볼 수 있을 것이다. 가정이나 학교에서 교육하기를 포기했던 아이가 사회기관인 곳에서 교육을 받고 좋은 영향을 받은 것이다. 이렇듯 학교나 가정에서 안 되면 '아웃'이라는 식이 아니라 다른 곳에서 교육받을 수 있는 기회가 주어져야 한다. 이 일진 짱의 변화된 모습이 담긴 편지를 통해 나의 주장이 헛되지 않았음을 믿을 수 있지 않겠는가?

"사부님 점점 더워지는 날씨네요. 더워질수록 입시가 코앞에 닥친 것 같아 살짝은 불안하답니다; 시험에서 좋은 점수를 받아서 경찰에 합격하겠다고 약속을 드렸는데 날씨 때문인지 너무 게을러져서 걱정이네요 ㅠㅠ 체력시험에는 자신이 있지만 공부가 따라줘야 할 텐데 꼭 파이팅해 주세요!"

이 편지는 중학교 2학년 때 이미 폭력조직에서 행동대장까지 맡았던 아이의 것이다. 이 아이는 키 185cm에 인상은 어떤 조직폭력배보다도 흉악했다. 정말 사복입고 칼 들면 영락없는 야쿠자다. 하지만 내가 그 아이의 아픈 면을 어루만지고 범죄 세계의 실상을 알려주었을 때 자신은 물론 다른 아이들마저 범죄로부터 발을 빼게 만들었다. 이런 아이들을 무서워하기만 하면서 접근하지 않는 어른들 심리는 얼마나 비겁한가?

'너는 무서운 아이야.' '너는 아이가 아니라 어른이야' 라는 잘못된 생각을 더 깊게 심어 주는 꼴이다. 그러면 아이들은 진짜 '평생 이 모양 이 꼴대로 무서운 놈 행세하며 살아야겠구나.'라고 생각해버리게 된다.

아이들은 '원석'이다. 아직 라벨을 붙일 수 없는 상태란 말이다. 그런데 조폭이니 뭐니 사회에서 붙이는 이름을 줘 버리면 이들은 더 순진하고 약해서 그렇게 행동하게 된다. "아니야, 너는 교사가 될 수도 있어 회사원이 될 수도 있어 경찰이 될 수도 있어."라고 이야기를 해 주면 그들은 자신에게 붙여졌던 라벨을 금방 잊고 다른 길을 찾아 나서기도 한다.

우리는 고집이라는 것이 아이보다 어른들의 것이라는 사실을 잊어서는 안 된다. 그들은 절대로 어른만큼 고집스럽지 않다는 말이다.

> 감사합니다. 저 꼭 커서 변호사가 될래요~~~ 태도 좋아졌다고 학교 선생님들께서 엄마께 전화로 칭찬도 해 주시고 상점(상을 받는데 필요한 점수)도 많이 받고 좋아요. 너무 감사합니다, 사부님^^♥

애들아,
그래도
사랑한다

이 학생 또한 학교 폭력으로 '강제 전학'이라는 사실상 퇴학이나 마찬가지인 처분을 받은 녀석이다. 내 특강을 통해 법이라는 것이 꼭 사람을 억압하기 위한 것이 아닌 살리기 위한 장치라는 걸 깨달았다고 감사한 녀석이다. 앞에서도 얘기했지만 나는 아이들에게 일반학생들이 잘 모르는 법률적 지식을 가르치기도 한다. 이것이 내가 하는 보안 교육에서 중요한 파트들 중 하나다. 이 교육을 실시할 때 아이들에게 필수적으로 강조하는 바가 있다.

"법은 너희들을 지키지 위해 있는 것이지, 죽이기 위해 있는 것이 아니다!"

그 사실을 깨닫고 나면 아이들은 자신이 속해져 있는 나라와 사회에 조금 더 감사하게 된다. 그리고 그곳에 부적응했던 자신을 처음으로 돌아보게 된다. 어른들의 논리를 아이들의 말로 풀어야 하는 이유가 여기에 놓여 있다.

사부님, 사부님을 뵙고 나서 제 자신이 얼마나 소중한 존재인지를 알게 되었어요. 그런 말씀을 이렇게 진심어린 말투와 표정으로 해 주신 분은 사부님이 처음인 것 같아요. 이제부터는 꼭 제

몸도, 제 마음도 중요한 보물처럼 아끼고 살게요.

이 문자는 인터넷 채팅 등으로 성인 남성들을 만나던 여학생이 보낸 것이다. 가족은 물론 이 아이를 스쳐간 어른들 중 어떤 누구도 가르쳐 주지 않았다. 바로 '남자에게 있어 여자는 소중한 존재'라는 사실을. 모범을 보이지도 않았고 교육도 시키지 않았다. 어른들에게 묻고 싶다. 최소한 자기 자식만큼은, 특히 그 아이가 딸이라면 더 소중하게 키워야 되지 않겠는가? 최소한 자기 자녀만큼은 보석으로 보여야 하는 것 아니겠는가?

지금은 아이가 아닌 한 주부의 편지를 소개하고자 한다. 갑자기 어른이 쓴 글을 보여 주는 이유는, 도움이 있는 경우와 없는 경우가 천지차이 결과를 낳는다는 사실을 강조하기 위해서다. 피해를 입은 사람이 어떻게든 적극적으로 도움의 손길을 찾아야하는 이유를 보여 주기도 한다.

사부님, 정말 어두운 가운데서 한줄기 빛이 되어 주셔서 감사합니다. 만약 사부님께서 계시지 않았더라면 정말 극단적인 선택을 했을지도 모르는데 말이에요. 지금은 남편과 사이좋게 아이들 잘 키우면서 살고 있습니다. 어두운 길이 아닌 밝은 쪽으로 이끌어 주셔서 너무 감사드립니다.

이 주부는 무료하던 차에 인터넷 채팅을 취미 삼게 되었다. 거기에서 한 남자를 만났는데 성관계를 가지자마자 돈을 달라고 요구하기 시작했다. 처음에는 한두 번 뜯어가던 것이 나중에는 시도 때도 없이 잦아졌다. 가정이 있었던 주부는 그 요구에 끊임없이 응할 수밖에 없었고 탈출구는 자살뿐이라고 생각하게 되었다. 하지만 그 시기에 나를 만나게 되었고 나는 경찰관 신분으로 그 남자에게 엄중한 경고를 했다. 결과적으로 모든 상황은 정리되었고 이 주부는 깊이 반성한 뒤 정상적인 가정생활을 잘 하고 있다.

많은 사람들이 자신의 문제를 들고 경찰에 찾아오기를 두려워한다. 과연 비밀이 잘 지켜질 수 있을까? 과연 이 심각한 문제가 해결될 수 있을까? 하지만 이건 아까 앞에서 이야기 한 것처럼 일반적인 상식 때문에 본질을 보지 못해서 생기는 의문이다. 여성청소년계는 사람을 윽박지르거나 잡아들이는 일보다는 이야기를 잘 들어 주고 대안을 마련하는 복지적 기구에 가깝다. 부드러운 경찰부서란 말이다. 이러한 곳에서 도움을 청하고 상담을 받으면 의외로 많은 일들이 쉽게 해결되기도 한다.

하지만 경찰은 권위적이고 두려운 기관일 것이라는 선입견이 발걸음을 막는 것이다. 최대한 당사자 외에 다른 가족에게 쉽게 알려지지 않도록 보안도 철저히 하고, 가해자들에게 법적인 테두리 안에서 적법하게 경고를 내리는 기관이기 때문에 개개인 혼자서 처리하는 것보다 훨씬 낫다. 만약 이 주부가 자기 스스로 문제를 해결하려고 하였다면 성공했을까? 너무 많은 사람들이 안타깝게도 도움의 손길을 잡으려 하지 않는다.

그래서 나는 꼭 강연 후미에 여성청소년계와 내 개인 전화번호가 쓰인 명함을 나눠 준다. 이러한 핫라인을 이용하기 주저하지 말길 바란다. 대한민국 국민으로서, 그리고 한 인간으로서 당신이 누리는 당연한 권리이니까 말이다.

사부님!! 스승의 날이에요~! 그동안 잘 지내셨어요? 전 요즘 잘 지내요~ 사부님 힘드실까 걱정돼요ㅠㅠ 일이 너무 많으시고 바쁘셔서 일하다 쓰러지시면 어쩌나 걱정돼요ㅠㅠ 사부님 항상 건강하세요, 꼭!! 그래서 제가 어른 되서 정말 훌륭한 사람이 되면 제가 사부님께 맛난 짜장면, 탕수육 다 사드릴게요!! 사부님을 만난 건 제 인생에서 가장 큰 선물인 것 같아요! 사부님 정말

정말 감사드리고 사랑합니다!! 건강 조심하세요!!♥

이 녀석은 말하는 것이 아주 노인네 뺨친다. 내 건강을 이렇게 까지나 걱정해 주다니 말이다. 이 녀석 또한 한때는 일진 조폭 짱이었다. 이 편지들 모두 다 최소 짱급 아이들의 것만 모아 놓았다. 어투에서 그것이 느껴지는가? 오래된 내 친구들보다 더 사려 깊은 마음씨를 보면 말이다.

내가 강연하는 모습을 보는 사람들은 내 건강에 이상이 있다는 사실을 거의 깨닫지 못한다. 하도 붕붕 날아다니면서 큰 목소리로 소리 지르기 때문일 것이다. 게다가 사람이 가장 무기력해지는 원인들을 제공하는 간질환이 있다는 사실은 더더욱 모른다.

간은 침묵의 장기라고 하는데 나의 간은 침묵을 깬 지도 오래되었다. 아침세수를 할 때마다 오늘은 황달이 얼마나 더 짙어졌는지 체크하는 것이 일과가 되어 버렸으니 말 다했다. 앞서 얘기했던 대로 관할문제나 본청의 부름 등 여건적인 문제들을 둘째하고, 이 책을 마무리하는 지금 순간에 건강이 몸을 압박한다. 주위에서 걱정하는 기색이 이만저만 아니다. 나 또한 이젠 활기차게 뛰쳐나가고 싶은 날보다 쉬고 싶은 날들이 더 많다. 하지만 그럼에도 불구하고 내 발걸음은 아이들을 향해 달린다. 그 이유를 궁금해하는 사람들에게 이 말로 대답을 대신하고자 한다.

"당신이라면 보석을 향해 달려가지 않겠는가? 세상에서 가장 값진 것 말이다. 건강에 이상이 있다고 해서 구역 문제가 발목을 잡는다 해서, 기타 등등 여러 가지 문제들이 아무리 많다고 하여도 달리지 않겠는가?"

그렇다. 나는 보석들을 향해 달리는 것을 멈출 수 없다. 내 발이 그리고 내 심장이 멈추는 그날까지 말이다. 나는 더 이상 어른과 아이가 범인, 경찰, 혹은 피해자 가해자로 만나는 경우가 없어야 한다고 생각한다. 그런 날이 다시는 오지를 않기를 바랄 뿐이다.

나는 이전에 이 아이들이었고 이 아이들이 나중에 내가 될 것이기 때문이다.

| 애들아,
그래도
사랑한다

감사의 말

 이 책을 내기까지 그리고 20년 동안 청소년 범죄예방교육을 해 오는 세월 동안 수많은 우여곡절이 있었다. 그 아픈 기억을 어떤 말로 표현할 수 있을까. 도저히 넘어서기 힘들어 포기하고 싶어질 만큼 많은 장애물들이 내 길을 가로막았지만 그때마다 내 손을 잡고 일으켜 세워 주신 분들이 계셨다.
 고마우신 분들이 많지만 꺼져가는 모닥불 같은 내 마음에 다시 불을 지펴 주신, 잊을 수 없는 분들께 감사의 인사를 전하려고 한다.
 부산지방경찰청 이금형 청장님은 내가 계속 청소년 범죄예방

교육을 할 수 있도록 돕고, 전국 경찰에게 모범이 되라는 격려를 아끼지 않으셨다. 또한 나에겐 큰 스승과도 같은 정읍경찰서 김동봉 서장님은, 인천지방경찰청 경무과장으로 근무하시던 시절부터 지지를 아끼지 않으셨는데, 원래 청소년 범죄 및 학교폭력 예방교육은 생활안전과에서 해야 하지만, 소속에 상관없이 적임자가 하는 게 맞다며, 내가 마음껏 활동할 수 있도록 도와 주셨다.

국가청소년위원회 최영희 전 위원장님 또한 내가 강연을 그만둬야 하는 절망적인 상황에 있을 때 힘이 되어 주셨다. 진급이 되면서 소속 부서를 떠나 더 이상 강연을 할 수 없게 되었을 때, 다시 강연을 계속할 수 있도록 물심양면으로 애써 주셨다.

이분들이 없었다면 '피에로경찰'도 없었고, 수많은 청소년들이 범죄 현장에서 구원받지도 못했을 것이다. 지금은 사정이 많이 달라져서 상상도 할 수 없는 일이 되었지만, 굳은 소신으로 대담하게 추진하고, 옳은 일에 힘을 보태 주신 분들께 감사드린다.

애들아,
그래도
사랑한다

취재후기

    칠흑처럼 어두운 곳에서 한 사나이의 넓은 등 뒤에 안전하게 숨어서 걷는 여정.

    지난 몇 개월간 박용호 경위님과 함께 한 취재는 내게 그런 여행으로 느껴졌다. 하지만 춥고 어두운 가운데에서도 안전함을 넘어선 따뜻함을 느꼈던 이유는 그 사나이의 등이 넓고 단단해서이기도 했지만, 그의 손에 들린 밝은 등불 하나 때문이었다. 단 한 사람의 손에 들린 등불이 얼마나 넓은 지역을 비출 수 있는지, 그리고 얼마나 따듯하게 변화시킬 수 있는지를 직접 체험할 수 있었음은 더 없는 영예이자 카타르시스였다. 그리고 누구의 시선도 닿지 않은 곳에 얼마나 많은 '상처 입은' 아이들이 숨어서 몸을 떨고 있는지 목도하였던 서글픈 경험이기도 했다.

나를 비롯해서 그런 아이들에게 '무관심했던' 많은 어른들. 그들, 아니 우리들은 그러한 어둠 속을 헤드라이트 장착한 자가용을 타고 빨리 지나치려 하지는 않았는지. 내 아이들만 뒷좌석에 안전하게 타고 있으면 된다는 이기적인 생각을 품지 않았었는지 생각해 볼 일이다. 더 나아가서 그 아이들이 우리가 달리는 고속도로에 나타나서 차가 멈추게 된다면 어떻게 될지를 걱정하며 전전긍긍하는 비인격적 발상까지 떠올리지는 않았을까?

하지만 그 사나이는 등불을 비추어 빛과 온기만을 제공하였을 뿐만 아니라, 우렁찬 목소리로 상처받은 아이들을 양지로 불러내었다. 그 사실 하나만으로도 아이들은 정신적·육체적 건강을 되찾았으며 누구에게도 손가락질 받지 않는 건실한 사회 일원이 되어 나갔다. 거기에서 그치지 않고, 그들은 사나이 옆에 나란히 서서 자신의 손에 들린 작은 등불 하나에 불씨를 지피기 시작했다. 그리고 나 또한, 주저 없이 사나이 옆에서 등불 하나를 들고 걸을

애들아,
그래도
사랑한다

수 있었다. 이는 행복과 보람을 넘어선 축복이라고 생각한다.

  이 저서로 인연이 닿게 되는 모든 분들 또한, 피에로 경찰 박용호 경위라는 사나이의 유쾌한 여정에 참여하실 수 있게 되기를 간절히 기원한다.

고경진

얘들아, 그래도 사랑한다

펴낸날	초판 1쇄 2013년 12월 18일
	초판 2쇄 2014년 6월 16일

지은이	박용호
펴낸이	심만수
펴낸곳	(주)살림출판사
출판등록	1989년 11월 1일 제9-210호

주소	경기도 파주시 문발동 522-1
전화	031-955-1350 팩스 031-624-1356
기획·편집	031-955-4667
홈페이지	http://www.sallimbooks.com
이메일	book@sallimbooks.com

ISBN 978-89-522-2806-2 03810

이 도서의 국립중앙도서관 출판시도서목록(CIP)은 서지정보유통지원시스템 홈페이지 (http://seoji.nl.go.kr)와 국가자료공동목록시스템(http://www.nl.go.kr/kolisnet)에서 이용하실 수 있습니다.(CIP제어번호: CIP2013025433)

* 값은 뒤표지에 있습니다.
* 잘못 만들어진 책은 구입하신 서점에서 바꾸어 드립니다.

책임편집 **이남경**